Couvertures supérieure et inférieure
en couleur

BIBLIOTHÈQUE ROSE ILLUSTRÉE

LE GÉNÉRAL
DOURAKINE

PAR

Mme LA COMTESSE DE SÉGUR

NÉE ROSTOPCHINE

OUVRAGE ILLUSTRÉ DE 100 VIGNETTES

PAR EMILE BAYARD

PARIS
LIBRAIRIE HACHETTE ET Cie
79, BOULEVARD SAINT-GERMAIN, 79

PRIX : 2 FRANCS 25

LE JOURNAL
DE LA JEUNESSE

NOUVEAU RECUEIL HEBDOMADAIRE ILLUSTRÉ

POUR LES ENFANTS DE DOUZE A QUINZE ANS

CONDITIONS DE VENTE ET D'ABONNEMENT

Un numéro comprenant 16 pages grand in-8 paraît le samedi de chaque semaine.

Prix de chaque année, brochée en 2 volumes : 20 fr.

Chaque semestre, formant un volume, se vend séparément : 10 fr.

Le cartonnage en percaline rouge, tranches dorées, se paye en sus par volume 3 fr.

Prix de l'abonnement pour Paris et les départements :

un an, 20 fr. ; six mois, 10 fr.

Prix de l'abonnement pour les pays étrangers qui font partie de l'Union générale des postes : un an, 22 fr. ; six mois, 11 fr.

Les abonnements se prennent du 1er décembre et du 1er juin de chaque année.

MON JOURNAL

NOUVEAU RECUEIL HEBDOMADAIRE

ILLUSTRÉ DE NOMBREUSES GRAVURES EN COULEURS ET EN NOIR

A L'USAGE DES ENFANTS DE HUIT A DOUZE ANS

MON JOURNAL, à partir du 1er octobre 1892, est devenu hebdomadaire de mensuel qu'il était, et convient à des enfants de 8 à 12 ans.

Il paraît un numéro le samedi de chaque semaine.

Prix du numéro, 15 centimes.

ABONNEMENTS :

FRANCE { Six mois . . 4 fr. 50 | UNION POSTALE { Six mois 5 fr. 50
{ Un an . . . 8 fr. » | { Un an 10 fr. »

Prix de l'année 1892-1893 : brochée, 8 fr.; cartonnée avec couverture en couleurs, 10 fr.

Paris. — Imprimerie Lahure, rue de Fleurus, 9.

LE GÉNÉRAL
DOURAKINE

OUVRAGES DU MÊME AUTEUR

PUBLIÉS DANS LA BIBLIOTHÈQUE ROSE ILLUSTRÉE
PAR LA LIBRAIRIE HACHETTE ET Cⁱᵉ

Un bon petit diable ; 1 vol. avec 100 gravures d'après Castelli.
Quel amour d'enfant ! 1 vol. avec 79 gravures d'après E. Bayard.
Pauvre Blaise ; 1 vol. avec 96 gravures d'après H. Castelli.
Mémoires d'un âne ; 1 vol. avec 75 gravures d'après Castelli.
Les vacances ; 1 vol. avec 36 gravures d'après Bertall.
Les petites filles modèles ; 1 vol. avec 21 grandes grav. d'après Bertall.
Les malheurs de Sophie ; 1 vol. avec 48 gravures d'après Castelli.
Les deux nigauds ; 1 vol. avec 76 gravures d'après Castelli.
Les bons enfants ; 1 vol. avec 70 gravures d'après Ferogio.
Le général Dourakine ; 1 vol. avec 100 gravures d'après E. Bayard.
L'auberge de l'Ange-Gardien ; 1 vol. avec 75 grav. d'après Foulquier
La sœur de Gribouille ; 1 vol. avec 72 gravures d'après Castelli.
La fortune de Gaspard ; 1 vol. avec 32 gravures d'après Gerlier.
Jean qui grogne et Jean qui rit ; 1 vol. avec 70 grav. d'après Castelli.
François le Bossu ; 1 vol. avec 114 gravures d'après E. Bayard.
Diloy le Chemineau ; 1 vol. avec 90 gravures d'après H. Castelli.
Comédies et proverbes ; 1 vol. avec 40 gravures d'après E. Bayard.
Le mauvais génie ; 1 vol. avec 90 gravures d'après E. Bayard.
Après la pluie le beau temps ; 1 vol. avec 128 grav. d'après E. Bayard.

Prix de chaque volume broché, 2 25.
Relié en percaline rouge, tranches dorées, 3 50.

Format in-8°, broché

La Bible d'une grand'mère, avec 30 gravures............... 10 »
Évangile d'une grand'mère, avec 30 gravures............... 10 »
Les Actes des Apôtres, avec 10 gravures................... 10 »

Évangile d'une grand'mère, édition classique, in-12, cart... 1 50
La santé des enfants, in-18 raisin, broché................. » 50

26711 — Imprimerie Lahure, rue de Fleurus, 9, à Paris.

LE GÉNÉRAL
DOURAKINE

PAR

Mme LA COMTESSE DE SÉGUR
NÉE ROSTOPCHINE

OUVRAGE ILLUSTRÉ DE 100 VIGNETTES
PAR É. BAYARD

NOUVELLE ÉDITION

PARIS
LIBRAIRIE HACHETTE ET Cie
79, BOULEVARD SAINT-GERMAIN, 79
—
1895
Droits de traduction et de reproduction réservés

A MA PETITE-FILLE

JEANNE DE PITRAY

Ma chère petite Jeanne, je t'offre mon dixième ouvrage, parce que tu es ma dixième petite-fille, ce qui ne veut pas dire que tu n'aies que la dixième place dans mon cœur. Vous y êtes tous au premier rang, par la raison que vous êtes tous de bons et aimables enfants. Tes frères Jacques et Paul m'ont servi de modèles dans L'AUBERGE DE L'ANGE GARDIEN, *pour Jacques et Paul Dérigny. Leur position est différente, mais leurs qualités sont les mêmes. Quand tu seras plus grande, tu me serviras peut-être de modèle à ton tour, pour un nouveau livre, où tu trouveras une bonne et aimable petite Jeanne.*

Ta grand'mère,

COMTESSE DE SÉGUR,

née ROSTOPCHINE.

LE GÉNÉRAL DOURAKINE

I

DE LOUMIGNY A GROMILINE

Le général Dourakine s'était mis en route pour la Russie, accompagné, comme on l'a vu dans l'*Auberge de l'Ange gardien*, par Dérigny, sa femme et ses enfants, Jacques et Paul. Après les premiers instants de chagrin causé par la séparation d'avec Elfy et Moutier, les visages s'étaient déridés, la gaieté était revenue, et Mme Dérigny, que le général avait placée dans sa berline avec les enfants, se laissait aller à son humeur gaie et rieuse. Le général, tout en regrettant ses jeunes amis, dont il avait été le généreux bienfaiteur, était enchanté de changer de place, d'habitudes et de pays. Il n'était plus prisonnier, il retournait en Russie, dans sa patrie; il emmenait une famille aimable et charmante qui tenait de lui tout son bonheur, et dans sa satisfaction il se prêtait à la gaieté des enfants et de leur mère adoptive. On s'arrêta peu de jours à Paris; pas du tout en Allemagne; une semaine seulement à Saint-Pétersbourg, dont l'aspect majestueux, régulier et sévère ne plut à aucun des compagnons de route du vieux général; deux jours à Moscou, qui excita leur curiosité et leur admiration. Ils auraient bien voulu y rester, mais le général était impatient d'arriver avant les grands froids dans sa terre de Gromiline, près de Smolensk; et, faute de chemin de fer, ils se mirent dans la berline commode et spacieuse que le général avait amenée depuis Loumigny, près de Domfront. Dérigny avait pris soin de garnir les nombreuses poches de la voiture et du siège de provisions et de vins de toute sorte, qui entretenaient la bonne humeur du général. Dès que Mme Dérigny ou Jacques voyaient son front se plisser, sa bouche se contracter, son teint se colorer, ils proposaient un petit repas pour faire attendre ceux plus complets de l'auberge. Ce moyen innocent ne manquait pas son effet; mais les colères devenaient plus fréquentes; l'ennui gagnait le général; on s'était mis en route à six heures du matin; il était cinq heures du soir; on devait dîner et coucher à Gjatsk, qui se trouvait à moitié chemin de Gromiline, et l'on ne devait y arriver qu'entre sept et huit heures du soir.

Mme Dérigny avait essayé de l'égayer, mais, cette fois, elle avait échoué. Jacques avait fait sur la Russie quelques réflexions qui devaient être agréables au général, mais son front restait plissé, son regard était ennuyé et mécontent; enfin ses yeux se fermèrent, et il s'endormit, à la

Ils se mirent dans la berline commode et spacieuse.

grande satisfaction de ses compagnons de route.

Les heures s'écoulaient lentement pour eux; le général Dourakine sommeillait toujours. Mme Dérigny se tenait près de lui dans une immobilité complète. En face étaient Jacques et Paul, qui ne dormaient pas et qui s'ennuyaient. Paul bâillait; Jacques étouffait avec sa main le bruit des bâillements de son frère. Mme Dérigny souriait et leur faisait des *chut* à voix basse. Paul voulut parler; les *chut* de Mme Dérigny et les efforts de Jacques, entremêlés de rires comprimés, devinrent si fréquents et si prononcés que le général s'éveilla.

« Quoi? qu'est-ce? dit-il. Pourquoi empêche-t-on cet enfant de parler? Pourquoi l'empêche-t-on de remuer?

MADAME DÉRIGNY.

Vous dormiez, général; j'avais peur qu'il ne vous éveillât.

LE GÉNÉRAL.

Et quand je me serais éveillé, quel mal aurais-je ressenti? On me prend donc pour un tigre, pour un ogre? J'ai beau me faire doux comme un agneau, vous êtes tous frémissants et tremblants. Craindre quoi? Suis-je un monstre, un diable? »

Mme Dérigny regarda en souriant le général, dont les yeux brillaient d'une colère mal contenue.

MADAME DÉRIGNY.

Mon bon général, il est bien juste que nous vous tourmentions le moins possible, que nous respections votre sommeil.

LE GÉNÉRAL.

Laissez donc! je ne veux pas de tout cela, moi. Jacques, pourquoi empêchais-tu ton frère de parler?

JACQUES.

Général, parce que j'avais peur que vous ne vous missiez en colère. Paul est petit, il a peur quand vous vous fâchez; il oublie alors que vous êtes bon; et, comme en voiture il ne peut pas se sauver ou se cacher, il me fait trop pitié. »

Le général devenait fort rouge; ses veines se gonflaient, ses yeux brillaient; Mme Dérigny s'at-

Ce moyen innocent ne manquait pas son effet. (Page 2.)

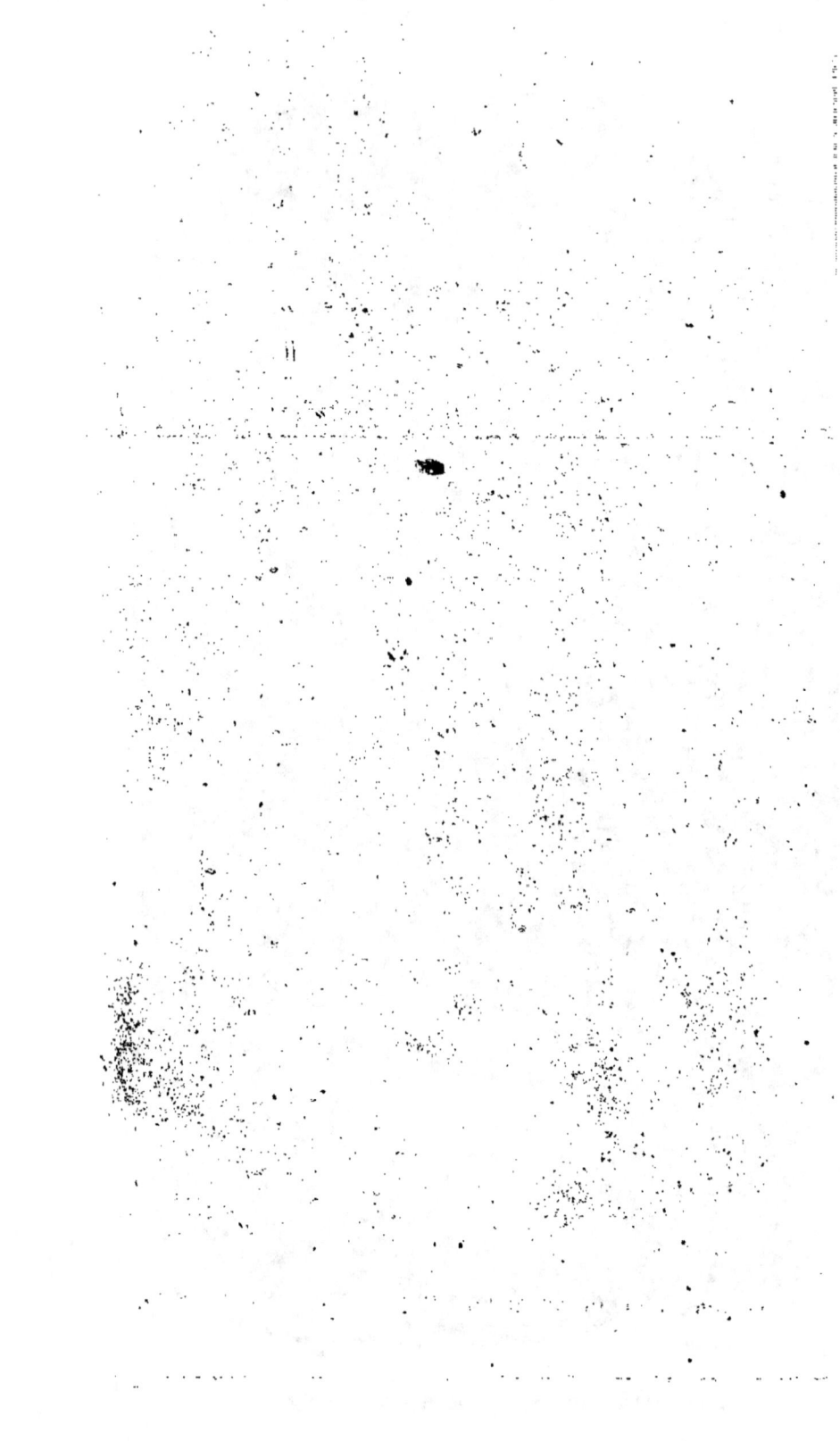

tendait à une explosion terrible, lorsque Paul, qui le regardait avec inquiétude, lui dit en joignant les mains :

« Monsieur le général, je vous en prie, ne soyez pas rouge, ne mettez pas de flammes dans vos yeux : ça fait si peur! C'est que c'est très dangereux, un homme en colère : il crie, il bat, il jure. Vous vous rappelez quand vous avez tant battu Torchonnet? Après, vous étiez bien honteux. Voulez-vous qu'on vous donne quelque chose pour vous amuser? Une tranche de jambon, ou un pâté, ou du malaga? Papa en a plein les poches du siège. »

A mesure que Paul parlait, le général redevenait calme; il finit par sourire et même par rire de bon cœur. Il prit Paul, l'embrassa, lui passa amicalement la main sur la tête.

« Pauvre petit! c'est qu'il a raison. Oui, mon ami, tu dis vrai; je ne veux plus me mettre en colère : c'est trop vilain. »

— Que je suis content! s'écria Paul. Est-ce pour tout de bon ce que vous dites? Il ne faudra donc plus avoir peur de vous! On pourra rire, causer, remuer les jambes?

LE GÉNÉRAL.

Oui, mon garçon; mais quand tu m'ennuieras trop, tu iras sur le siège avec ton papa.

PAUL.

Merci, général; c'est très bon à vous de dire cela. Je n'ai plus peur du tout.

LE GÉNÉRAL.

Nous voilà tous contents alors. Seulement, ce qui m'ennuie, c'est que nous allions si doucement.

Hé! Dérigny, mon ami, faites donc marcher ces *izvochtchiks*; nous avançons comme des tortues.

DÉRIGNY.

Mon général, je le dis bien; mais ils ne me comprennent pas.

LE GÉNÉRAL.

Sac à papier! ces drôles-là! Dites-leur *dourak, skatina, skareï*[1]! »

Dérigny répéta avec force les paroles russes du général; le cocher le regarda avec surprise, leva son chapeau, et fouetta ses chevaux, qui partirent au grand galop. *Skareï! skareï!* répétait Dérigny quand les chevaux ralentissaient leur trot.

Le général se frottait les mains et riait. Avec la bonne humeur revint l'appétit, et Dérigny passa à Jacques, par la glace baissée, des tranches de pâté, de jambon, des membres de volailles, des gâteaux, des fruits, une bouteille de bordeaux : un véritable repas.

« Merci, mon ami, dit le général en recevant les provisions; vous n'avez rien oublié. Ce petit hors-d'œuvre nous fera attendre le dîner. »

Dérigny, qui comprenait le malaise de sa femme et de ses enfants, pressa si bien le cocher et le postillon, qu'on arriva à Gjatsk à sept heures.

---

1. « Imbécile, animal, plus vite! »

L'auberge était mauvaise ; des canapés étroits et durs en guise de lits, deux chambres pour les cinq voyageurs, un dîner médiocre, des chandelles pour tout éclairage. Le général allait et venait, les mains derrière lui ; il soufflait, il lançait des regards terribles. Dérigny ne lui parlait pas, de crainte d'amener une explosion ; mais, pour le distraire, il causait avec sa femme.

« Le général ne sera pas bien sur ce canapé, Dérigny ; si nous en attachions deux ensemble pour rélargir le lit ? »

Le général se retourna d'un air furieux. Dérigny s'empressa de répondre :

« Quelle folie, Hélène ! le général, ancien militaire, est habitué à des couchers bien autrement durs et mauvais. Crois-tu qu'à Sébastopol il ait eu toujours un lit à sa disposition ? la terre pour lit, un manteau pour couverture. Et nous autres pauvres Français ! la neige pour matelas, le ciel pour couverture ! Le général est de force et d'âge à supporter bien d'autres privations. »

Le général était redevenu radieux et souriant.

« C'est ça, mon ami ! Bien répondu. Ces pauvres femmes n'ont pas idée de la vie militaire.

DÉRIGNY.

Et surtout de la vôtre, mon général ; mais Hélène vous soigne parce qu'elle vous aime et qu'elle souffre de vous voir mal établi.

LE GÉNÉRAL.

Ma bonne petite Dérigny, ne vous tourmentez

pas pour moi. Je serai bien, très bien. Dérigny couchera près de moi sur l'autre canapé, et vous, vous vous établirez, avec les enfants, dans la chambre à côté. Voici le dîner servi; à la guerre comme à la guerre! Mangeons ce qu'on nous sert. Dérigny, envoyez-moi mon courrier. »

Dérigny ne tarda pas à ramener Stépane, qui courait en avant en *téléga* (voiture) pour faire tenir prêts les chevaux et les repas. Le général lui donna ses ordres en russe et lui recommanda de bien soigner Dérigny, sa femme et ses enfants, et de deviner leurs désirs.

« S'ils manquent de quelque chose par ta faute, lui dit le général, je te ferai donner cinquante coups de bâton en arrivant à Gromiline. Va-t'en.

— Oui, Votre Excellence », répondit le courrier.

Il s'empressa d'exécuter les ordres du général, et avec toute l'intelligence russe il organisa si bien le repas et le coucher des Dérigny, qu'ils se trouvèrent mieux pourvus que leur maître.

Le général fut content du dîner mesquin, satisfait du coucher dur et étroit. Il se coucha tout habillé et dormit d'un somme depuis neuf heures jusqu'à six heures du lendemain. Dérigny était comme toujours le premier levé et prêt à faire son service. Le général déjeuna avec du thé, une terrine de crème, six *kalatch*, espèce de pain-gâteau que mangent les paysans, et demanda à Dérigny si sa femme et ses enfants étaient levés.

DÉRIGNY.

Tout prêts à partir, mon général.

LE GÉNÉRAL.

Faites-les déjeuner et allez vous-même déjeuner, mon ami; nous partirons ensuite.

DÉRIGNY.

C'est fait, mon général; Stépane nous a tous fait déjeuner avant votre réveil.

LE GÉNÉRAL.

Ha! ha! ha! Les cinquante coups de bâton ont fait bon effet, à ce qu'il paraît.

DÉRIGNY.

Quels coups de bâton, mon général? Personne ne lui en a donné.

LE GÉNÉRAL.

Non, mais je les lui ai promis si vous ou les vôtres manquiez de quelque chose.

DÉRIGNY.

Oh! mon général!

LE GÉNÉRAL.

Oui, mon ami; c'est comme ça que nous menons nos domestiques russes.

DÉRIGNY.

Et... permettez-moi de vous demander, mon général, en êtes-vous mieux servis?

LE GÉNÉRAL.

Très mal, mon cher; horriblement! On ne les tient qu'avec des coups de bâton.

DÉRIGNY.

Il me semble, mon général, si j'ose vous dire

ma pensée, qu'ils servent mal parce qu'ils n'aiment pas, et ils ne s'attachent pas à cause des mauvais traitements.

LE GÉNÉRAL.

Bah! bah! Ce sont des bêtes brutes qui ne comprennent rien.

DÉRIGNY.

Il me semble, mon général, qu'ils comprennent bien la menace et la punition.

LE GÉNÉRAL.

Certainement, c'est parce qu'ils ont peur.

DÉRIGNY.

Ils comprendraient aussi bien les bonnes paroles et les bons traitements, et ils aimeraient leur maître comme je vous aime, mon général.

LE GÉNÉRAL.

Mon bon Dérigny, vous êtes si différent de ces Russes grossiers!

DÉRIGNY.

A l'apparence, mon général, mais pas au fond

LE GÉNÉRAL.

C'est possible! nous en parlerons plus tard; à présent, partons. Appelez Hélène et les enfants. »

Tout était prêt : le courrier venait de partir pour commander les chevaux au prochain relais. Chacun prit sa place dans la berline; le temps était magnifique, et le général de bonne humeur, mais pensif. Ce que lui avait dit Dérigny lui revenait à la mémoire, et son bon cœur lui faisait entrevoir la vérité. Il se proposa d'en causer à fond avec lui quand il serait établi à Gromiline, et il chassa les pensées qui l'ennuyaient, avec deux tranches de jambon, une aile de volaille et une demi-bouteille de bordeaux.

II

ARRIVÉE A GROMILINE

Après une journée fatigante, ennuyeuse, animée seulement par quelques demi-colères du général, on arriva, à dix heures du soir, au château de Gromiline. Plusieurs hommes barbus se précipitèrent vers la portière et aidèrent le général, engourdi, à descendre de voiture; ils baisèrent ses mains en l'appelant *Batiouchka* (père); les femmes et les enfants vinrent à leur tour, en ajoutant des exclamations et des protestations. Le général saluait, remerciait, souriait. Mme Dérigny et les enfants suivaient de près. Dérigny avait voulu retirer de la voiture les effets du général, mais une foule de mains s'étaient précipitées pour faire la besogne. Dérigny les laissa faire et rejoignit le groupe, autour duquel se bousculaient les femmes et les enfants de la maison, répétant à voix basse

Frantsousse (Français) et examinant avec curiosité la famille Dérigny.

Le général leur dit quelques mots, après lesquels deux femmes coururent dans un corridor sur lequel donnaient les chambres à coucher ; deux autres se précipitèrent dans un passage qui menait à l'office et aux cuisines.

« Mon ami, dit le général à Dérigny, accompagnez votre femme et vos enfants dans les chambres que je vous ai fait préparer par Stépane ; on vous apportera votre souper ; quand vous serez bien installés, on vous mènera dans mon appartement, et nous prendrons nos arrangements pour demain et les jours suivants.

— A vos ordres, mon général », répondit Dérigny.

Et il suivit un domestique auquel le général avait donné ses instructions en russe.

Les enfants, à moitié endormis à l'arrivée, s'étaient éveillés tout à fait par le bruit, la nouveauté des visages, des costumes.

« C'est drôle, dit Paul à Jacques, que tous les hommes ici soient des sapeurs !

JACQUES.

Ce ne sont pas des sapeurs : ce sont les paysans du général.

PAUL.

Mais pourquoi sont-ils tous en robe de chambre ?

JACQUES.

C'est leur manière de s'habiller ; tu en as vu tout

Plusieurs hommes barbus aidèrent le général à descendre de voiture. (Page 15.)

le long de la route; ils étaient tous en robe de chambre de drap bleu avec des ceintures rouges. C'est très joli, bien plus joli que les blouses de chez nous. »

Ils arrivèrent aux chambres qu'ils devaient occuper et que Vassili, l'intendant, avait fait arranger du mieux possible. Il y en avait trois, avec des canapés en guise de lits, des coffres pour serrer les effets, une table par chambre, des chaises et des bancs.

« Elles sont jolies nos chambres, dit Jacques; seulement je ne vois pas de lits. Où coucherons-nous?

DÉRIGNY.

Que veux-tu, mon enfant! s'il n'y a pas de lits, nous nous arrangerons des canapés : il faut savoir s'arranger de ce qu'on trouve. »

Dérigny et sa femme se mirent immédiatement à l'ouvrage, et quelques minutes après ils avaient donné aux canapés une apparence de lits. Paul s'était endormi sur une chaise; Jacques bâillait, tout en aidant son père et sa mère à défaire les malles et à en tirer ce qui était nécessaire pour la nuit.

Ils se couchèrent dès que cette besogne fut terminée, et ils dormirent jusqu'au lendemain. Dérigny, avant de se coucher, chercha à arriver jusqu'au général, qu'il eut de la peine à trouver dans la foule de chambres et de corridors qu'il traversait.

Il finit pourtant par arriver à l'appartement du général, qui se promenait dans sa grande chambre à coucher, d'assez mauvaise humeur. Quand Dérigny entra, il s'arrêta, et, croisant ses bras :

« Je suis contrarié, furieux, d'être venu ici; tous ces gens n'entendent rien à mon service; ils se précipitent comme des fous et des imbéciles pour exécuter mes ordres qu'ils n'ont pas compris. Je ne trouve rien de ce qu'il me faut. Votre auberge de l'*Ange gardien* était cent fois mieux montée que mon Gromiline. J'ai pourtant six cent mille roubles de revenu! A quoi me servent-ils?

DÉRIGNY.

Mais, mon général, quand on arrive après une longue absence, c'est toujours ainsi. Nous arrangerons tout cela, mon général; dans quelques jours vous serez installé comme un prince.

LE GÉNÉRAL.

Alors ce sera vous et votre femme qui m'installerez, car mes gens d'ici ne comprennent pas ce que je leur demande.

DÉRIGNY.

C'est la joie de vous revoir qui les trouble, mon général. Il n'y a peut-être pas longtemps qu'ils savent votre arrivée?

LE GÉNÉRAL.

Je crois bien! je n'avais pas écrit; c'est Stépane qui m'a annoncé.

DÉRIGNY.

Mais... alors, mon général, les pauvres gens

ne sont pas coupables : ils n'ont pas eu le temps de préparer quoi que ce soit.

LE GÉNÉRAL.

Pas seulement mon souper, que j'attends encore. En vérité, cela est trop fort!

DÉRIGNY.

C'est pour qu'il soit meilleur, mon général, c'est pour que les viandes soient bien cuites, qu'on vous les fait attendre.

« Ils se précipitent comme des fous et des imbéciles pour exécuter mes ordres. »

LE GÉNÉRAL, *souriant*.

Vous avez réponse à tout, vous.... Et je vous en remercie, mon ami, ajouta-t-il après une pause, parce que vous avez fait passer ma colère.... Et comment êtes-vous installés, vous et les vôtres?

DÉRIGNY.

Très bien, mon général : nous avons tout ce qu'il nous faut. »

« Votre Excellence est servie », dit Vassili, en ouvrant les deux battants de la porte.

Le général passa dans la salle à manger, suivi de Dérigny, qui le servit à table ; cinq ou six domestiques étaient là pour aider au service.

« Ha ! ha ! ha ! dit le général, voyez donc, Dérigny, les visages étonnés de ces gens, parce que vous me servez à boire.

DÉRIGNY.

Pourquoi donc, mon général ? C'est tout simple que je vous épargne la peine de vous servir vous-même.

LE GÉNÉRAL.

Ils considèrent ce service comme une familiarité choquante, et ils admirent ma bonté de vous laisser faire. »

Le souper dura longtemps, parce que le général avait faim et qu'on servit une douzaine de plats ; le général refaisait connaissance avec la cuisine russe, et paraissait satisfait.

Pendant que le général retenait Dérigny, Mme Dérigny, après avoir couché les enfants, examina le mobilier, et vit avec consternation qu'il lui manquait des choses de la plus absolue nécessité. Pas une cuvette, pas une terrine, pas une cruche, pas un verre, aucun ustensile de ménage, sauf un vieux seau oublié dans un coin.

Après avoir cherché, fureté partout, le découragement la saisit ; elle s'assit sur une chaise, pensa à son auberge de l'*Ange gardien*, si bien tenue, si bien pourvue de tout ; à sa sœur Elfy, à son beau-frère Moutier, au bon curé, aux privations qu'auraient à supporter les enfants, à son pays enfin, et elle pleura.

Quand Dérigny rentra après le coucher du général, il la trouva pleurant encore; elle lui dit la cause de son chagrin; Dérigny la consola, l'encouragea, lui promit que dès le lendemain elle aurait les objets les plus nécessaires; que sous peu de jours elle n'aurait rien à envier à l'*Ange*

Il la trouva pleurant encore.

gardien; enfin il lui témoigna tant d'affection, de reconnaissance pour son dévouement à Jacques et à Paul, il montra tant de gaieté, de confiance dans l'avenir, qu'elle rit avec lui de son accès de désespoir et qu'elle se coucha gaiement.

Elle prit la chambre entre celle des enfants et celle de Dérigny, pour être plus à leur portée; la porte resta ouverte.

Tous étaient fatigués, et tous dormirent tard

dans la matinée, excepté Dérigny, qui conservait ses habitudes militaires et qui était près du général à l'heure accoutumée. Son exactitude plut au général.

« Mon ami, lui dit-il, aussitôt que je serai prêt et que j'aurai déjeuné, je vous ferai voir le château, le parc, le village, les bois, tout enfin.

DÉRIGNY.

Je vous remercie, mon général : je serai très content de connaître Gromiline, qui me paraît être une superbe propriété.

LE GÉNÉRAL, *d'un air insouciant.*

Oui, pas mal, pas mal ; vingt mille hectares de bois, dix mille de terre à labour, vingt mille de prairie. Oui, c'est une jolie terre : quatre mille paysans, deux cents chevaux, trois cents vaches, vingt mille moutons et une foule d'autres bêtes. Oui, c'est bien. »

Dérigny souriait.

LE GÉNÉRAL.

Pourquoi riez-vous ? Croyez-vous que je sois un menteur, que j'exagère, que j'invente ?

DÉRIGNY.

Oh non ! mon général ! Je souriais de l'air indifférent avec lequel vous comptiez vos richesses.

LE GÉNÉRAL.

Et comment voulez-vous que je dise ? Faut-il que je rie comme un sot, que je cabriole comme vos enfants, que je fasse semblant de me croire pauvre ?

DÉRIGNY.

Du tout, mon général ; vous avez dit on ne peut mieux, et c'est moi qui suis un sot d'avoir ri.

LE GÉNÉRAL.

Non, monsieur, vous n'êtes pas un sot, et vous savez très bien que vous ne l'êtes pas ; ce que vous en dites, c'est pour me calmer comme on calme un fou furieux ou un enfant gâté. Je ne suis pas un fou, monsieur, ni un enfant, monsieur ; j'ai soixante-trois ans, et je n'aime pas qu'on me flatte. Et je ne veux pas qu'un homme comme vous se donne tort pour excuser un sot comme moi. Oui, monsieur, vous n'avez pas besoin de faire une figure de l'autre monde et de sauter comme un homme piqué de la tarentule. Je suis un sot ; c'est moi qui vous le dis ; et je vous défends de me contredire ; et je vous ordonne de me croire. Et vous êtes un homme de sens, d'esprit, de cœur et de dévouement. Et je veux encore que vous me croyiez, et que vous ne me preniez pas pour un imbécile qui ne sait pas juger les hommes, ni se juger lui-même.

— Mon général, dit Dérigny d'une voix émue, si je ne vous dis pas tout ce que j'ai dans le cœur de reconnaissance et de respectueuse affection, c'est parce que je sais combien vous détestez les remercîments et les expansions....

LE GÉNÉRAL.

Oui, oui, mon ami ; je sais, je sais. Dites qu'on me serve ici mon déjeuner, et allez vous-même manger un morceau. »

Dérigny alla exécuter les ordres du général, entra dans son appartement, y trouva sa femme et ses enfants dormant d'un profond sommeil, et courut rejoindre le général, dont il ne voulait pas exercer la patience.

III

DÉRIGNY TAPISSIER

Quand Mme Dérigny s'éveilla, elle se trouva seule : les enfants dormaient encore, et son mari n'y était pas. N'ayant pour tout ustensile de toilette qu'un seau d'eau, elle s'arrangea de son mieux, cherchant à écarter les pensées pénibles de la veille et à mettre toute sa confiance dans l'intelligence et le bon vouloir de l'excellent Dérigny.

Effectivement, quand il revint de sa tournée avec le général, il apporta à sa femme une foule d'objets utiles et nécessaires qu'il avait su demander et obtenir.

« Comment as-tu fait pour avoir tout ça? demanda Mme Dérigny émerveillée.

DÉRIGNY.

J'ai fait des signes; ils m'ont compris. Ils sont

intelligents tout de même, et ils paraissent braves gens. »

Quand les enfants s'éveillèrent, leur déjeuner était prêt; ils y firent honneur et furent enchantés des améliorations de leur mobilier.

Quelques semaines se passèrent ainsi; Jacques et Paul commençaient à apprendre le russe et même à dire quelques mots : les enfants des domestiques les suivaient partout et les regardaient avec curiosité. Un jour Jacques et Paul parurent en habit russe : ce furent des cris de joie; ils s'appelaient tous pour les regarder : Mishka, Vàska, Pétroùska, Annoushka, Stépàne, Màshinèka, Sòhusnka, Càtineka, Anìcia[1]; tous accoururent et entourèrent Jacques et Paul, en donnant des signes de satisfaction. A la grande surprise de Paul, ils vinrent l'un après l'autre leur baiser la main. Les petits Français, protégés et grandis par la faveur du général, leur semblaient des êtres supérieurs, et ils éprouvaient de la reconnaissance de l'abandon de l'habit français pour le *caftane* national russe.

PAUL.

Pourquoi donc nous baisent-ils les mains?

JACQUES.

Pour nous remercier d'être habillés comme eux et d'avoir l'air de nous faire Russes.

---

1. Diminutifs de *Michel, Basile, Pierre, André, Étienne, Marie, Sophie, Catherine, Agnès*. Les accents indiquent la syllabe sur laquelle il faut appuyer fortement.

PAUL, *vivement*.

Mais je ne veux pas être Russe, moi; je veux être Français comme papa, maman, tante Elfy et mon ami Moutier.

Un jour Jacques et Paul parurent en habit russe.

JACQUES.

Sois tranquille, tu resteras Français. Avec nos habits russes nous avons l'air d'être Russes, mais seulement l'air.

PAUL.

Bon! sans quoi j'aurais remis ma veste ou ma blouse de Loumigny. »

Pendant qu'ils parlaient, un grand mouvement se faisait dans la cour; un courrier à cheval venait d'arriver; les domestiques s'empressèrent autour de lui; les petits Russes se débandèrent et coururent savoir des nouvelles. Jacques et Paul les suivirent et comprirent que ce courrier précédait d'une heure Mme Papofski, nièce du général comte Dourakine. Elle venait passer quelque temps chez son oncle avec ses huit enfants. On alla prévenir le général, qui parut assez contrarié de cette visite; il appela Dérigny.

« Allez, mon ami, avec Vassili, pour arranger des chambres à tout ce monde. Huit enfants! si ça a du bon sens de m'amener cette marmaille! Que veut-elle que je fasse de ces huit polissons? Des brise-tout, des criards! — Sac à papier! j'étais tranquille ici, je commençais à m'habituer à tout ce qui y manque; vous, votre femme et vos enfants me suffisiez grandement, et voilà cette invasion de sauvages qui vient me troubler et m'ennuyer! Mais il faut les recevoir, puisqu'ils arrivent. Allez, mon ami, allez vite tout préparer.

DÉRIGNY.

Mon général, oserais-je vous demander de vouloir bien venir m'indiquer les chambres que vous désirez leur voir occuper?

Un courrier à cheval venait d'arriver.

LE GÉNÉRAL.

Ça m'est égal! Mettez-les où vous voudrez; la première porte qui vous tombera sous la main.

DÉRIGNY.

Pardon, mon général; cette dame est votre nièce, et à ce titre elle a droit à mon respect. Je serais désolé de ne pas lui donner les meilleurs appartements; ce qui pourrait bien arriver, puisque je connais encore imparfaitement les chambres du château.

LE GÉNÉRAL.

Allons, puisque vous le voulez, je vous accompagne; marchez en avant pour ouvrir les portes. »

Vassili suivait, fort étonné de la condescendance du comte, qui daignait visiter lui-même les chambres de la maison. On arriva devant une porte à deux battants, la première du corridor qui donnait dans la salle à manger.

LE GÉNÉRAL.

En voici une; elle en vaudra une autre; ouvrez, Dérigny : il doit y avoir trois ou quatre chambres qui se suivent et qui ont chacune leur porte dans le corridor. »

Dérigny ouvrit, malgré la vive opposition de Vassili, que le général fit taire par quelques mots énergiques. Le général entra, fit quelques pas dans la chambre, regarda autour de lui d'un œil étincelant de colère, et se tournant vers Vassili :

« Tu ne voulais pas me laisser entrer, animal, parce que tu voulais me cacher que toi et les tiens vous êtes des voleurs, des gredins. Que sont devenus tous les meubles de ces chambres? Où sont les rideaux? Pourquoi les murs sont-ils tachés comme si l'on y avait logé un régiment de Cosaques? Pourquoi les parquets sont-ils coupés, percés, comme si l'on y avait établi une bande de charpentiers?

VASSILI.

Votre Excellence sait bien que... le froid,... l'humidité,... le soleil....

LE GÉNÉRAL.

...emportent les meubles, arrachent les rideaux, graissent les murs, coupent les parquets? Ah! coquin, tu te moques de moi, je crois! Ah! tu me prends pour un imbécile? Attends, je vais te faire voir que je comprends et que j'ai plus d'esprit que tu ne penses!

« Dérigny, ajouta le général en se retournant vers lui, allez dire qu'on donne cent coups de bâton à ce coquin, ce voleur, qui a osé enlever mes meubles, habiter mes chambres avec sa bande de brigands-domestiques et qui ose mentir avec une impudence digne de sa scélératesse.

DÉRIGNY.

Pardon, mon général, si je ne vous obéis pas tout de suite; mais nous avons besoin de Vassili pour préparer des chambres; Mme Papofski va arriver et nous n'avons rien de prêt.

LE GÉNÉRAL.

Vous avez raison, mon ami; mais, quand tout

sera prêt, menez-le à l'intendant en chef, auquel vous recommanderez de lui donner cent coups de bâton bien appliqués.

— Oui, mon général, je n'y manquerai pas », répliqua Dérigny bien résolu à n'en pas dire un mot et à tâcher de faire révoquer l'arrêt.

Ils continuèrent la visite des chambres, et les trouvèrent toutes plus ou moins salies et dégarnies

« Allez dire qu'on donne cent coups de bâton à ce coquin. »

de meubles. Dérigny réussit à calmer la fureur du général en lui promettant d'arranger les plus propres avec ce qui lui restait de meubles et de rideaux.

« Si vous voulez bien m'envoyer du monde, mon général, dans une demi-heure ce sera fait. »

Le général se tourna vers Vassili.

« Va chercher tous les domestiques, amène-les tout de suite au Français, et ayez bien soin d'exécuter ses ordres en attendant les cent coups de bâton que j'ai chargé Dérigny de te faire administrer, voleur, coquin, animal! »

Vassili, pâle comme un mort et tremblant comme une feuille, courut exécuter les ordres de son maître. Il ne tarda pas à revenir suivi de vingt-deux hommes, tous empressés d'obéir au Français, favori de M. le comte. Dérigny, qui se faisait déjà passablement comprendre en russe, commença par rassurer Vassili sur les cent coups de bâton qu'il redoutait. Vassili jura que c'était l'intendant en chef qui avait occupé et sali les belles chambres et qui en avait emporté les meubles pour garnir son logement habituel.

« Moi, dit-il, Monsieur le Français, je vous jure que je n'ai pris que quelques meubles gâtés dont l'intendant n'avait pas voulu. Demandez-le-lui.

DÉRIGNY.

C'est bon, mon cher, ceci ne me regarde pas; je ferai mon possible pour que le général vous pardonne; quant au reste, vous vous arrangerez avec l'intendant. »

Ils commencèrent le transport des meubles; en moins d'une demi-heure tout était prêt; les rideaux étaient aux fenêtres, les lits faits, les cuvettes, les verres, les cruches en place.

C'était fini, et Mme Papofski n'arrivait pas. Le général allait et venait, admirait l'activité, l'intelligence de Dérigny et de sa femme, qui avaient réussi à donner à cet appartement un air propre, presque élégant, et à le rendre fort commode et d'un aspect agréable; on avait assigné deux chambres aux enfants et aux bonnes; des canapés devaient leur servir de lits. Mme Papofski devait avoir un bon et large lit, que Dérigny avait fabriqué pour sa femme avec l'aide d'un menuisier. Matelas, oreillers, traversins, couvertures, tout avait été composé et exécuté par Dérigny et sa femme, Jacques et Paul aidant. Quand le général vit ce lit : « Qu'est-ce? dit-il. Où a-t-on trouvé ça? C'est

Ils commencèrent le transport des meubles.

à la française, cent fois mieux que le mien. Qui est-ce qui a fait ça?

UN DOMESTIQUE.

Les Français, Votre Excellence; ils se sont fait des lits pour chacun d'eux.

LE GÉNÉRAL.

Comment, Dérigny, c'est vous qui avez fabriqué tout ça? Mais, mon cher, c'est superbe, c'est charmant. Je vais être jaloux de ma nièce, en vérité!

DÉRIGNY.

Mon général, si vous en désirez un, ce sera bientôt fait, en nous y mettant ma femme et moi. Et, travaillant pour vous, mon général, nous le ferons bien meilleur et bien plus beau.

LE GÉNÉRAL.

J'accepte, mon ami, j'accepte avec plaisir. On vous donnera tout ce que vous voudrez et l'on vous aidera autant que vous voudrez. Mais... que diantre arrive-t-il donc à ma nièce? Le courrier est ici depuis plus d'une heure; il y a longtemps qu'elle devrait être arrivée. Nikita, fais monter à cheval un des *forreiter* (postillons), qu'il aille au-devant pour savoir ce qui est arrivé. »

Nikita partit comme un éclair. Le général continua son inspection et fut de plus en plus satisfait des inventions de Dérigny, qui avait dévalisé son propre appartement au profit de Mme Papofski.

IV

MADAME PAPOFSKI ET LES PETITS PAPOFSKI

Le général finissait la revue des appartements, quand on entendit des cris et des vociférations qui venaient de la cour.

LE GÉNÉRAL.

Qu'est-ce que c'est ? Dérigny, vous qui êtes leste, courez voir ce qu'il y a, mon ami : quelque malheur arrivé à ma nièce ou à ses marmots probablement. Je vous suivrai d'un pas moins accéléré. »

Dérigny partit; les domestiques russes étaient déjà disparus; on entendait leurs cris se joindre à ceux de leurs camarades; le général pressait le pas autant que le lui permettaient ses nombreuses blessures, son embonpoint excessif et son âge avancé; mais le château était grand; la distance longue à parcourir. Personne ne revenait; le général commençait à souffler, à s'irriter, quand Dérigny parut.

« Ne vous alarmez pas, mon général : rien de grave. C'est la voiture de Mme Papofski qui vient d'arriver au grand galop des six chevaux, mais personne dedans.

LE GÉNÉRAL.

Et vous appelez ça rien de grave? Que vous faut-il de mieux? ils sont tous tués : c'est évident.

DÉRIGNY.

Pardon, mon général; la voiture n'est pas brisée; rien n'indique un accident. Le courrier pense qu'ils seront tous descendus et que les chevaux sont partis avant qu'on ait pu les retenir.

LE GÉNÉRAL.

Le courrier est un imbécile. Amenez-le-moi, que je lui parle. »

Pendant que le général continuait à se diriger vers le perron et la cour, Dérigny alla à la recherche du courrier. Tout le monde était groupé autour de la voiture, et personne ne répondait à l'appel de Dérigny. Il parvint enfin jusqu'à la portière ouverte près de laquelle se tenait le courrier, et vit avec surprise un enfant de trois ou quatre ans étendu tout de son long sur une des banquettes et dormant profondément. Il se retira immédiatement pour rendre compte au général de ce nouvel incident.

« Que le diable m'emporte si j'y comprends

quelque chose! » dit le général en s'avançant toujours vers le perron.

Il le descendit, approcha de la voiture, parla au courrier, écarta la foule à coups de canne, pas très fortement appliqués, mais suffisants pour les tenir tous hors de sa portée; les gamins s'enfuirent à une distance considérable.

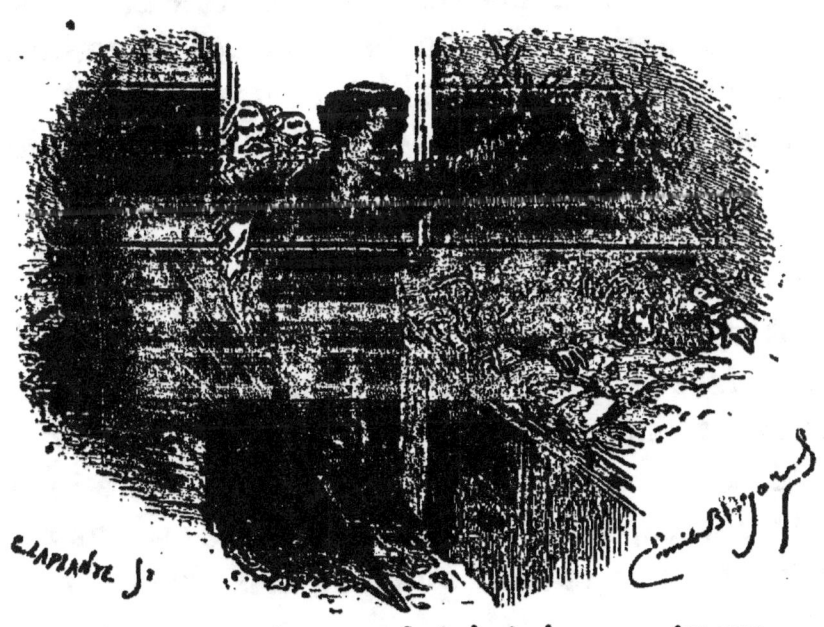

Il vit avec surprise un enfant de trois ou quatre ans.

LE GÉNÉRAL.

C'est vrai; voilà un petit bonhomme qui dort paisiblement! Dérigny, mon cher, je crois que le courrier a raison : on aura laissé l'enfant dans la voiture parce qu'il dormait. — Ma nièce est sur la route avec les sept enfants et les femmes. »

Le général, voyant les chevaux de sa nièce trop fatigués pour faire une longue route, donna des ordres pour qu'on attelât ses chevaux à sa grande berline de voyage et qu'on allât au-devant de Mme Papofski.

Rassuré sur le sort de sa nièce, il se mit à rire de bon cœur de la figure qu'elle devait faire, à pied, sur la grand'route avec ses enfants et ses gens.

« Dites donc, Dérigny, j'ai envie d'aller au-devant d'eux, dans la berline, pour les voir barboter dans la poussière. La bonne histoire! la voiture partie, eux sur la route, criant, courant, appelant. Ma nièce doit être furieuse; je la connais, et je la vois d'ici, battant les enfants, poussant ses gens, etc. »

La berline du général attelée de six chevaux entrait dans la cour; le cocher allait prendre les ordres de son maître, lorsque de nouveaux cris se firent entendre :

« Eh bien! qu'y a-t-il encore? Faites taire tous ces braillards, Sémeune Ivanovitch; c'est insupportable! On n'entend que des cris depuis une heure. »

L'intendant, armé d'un gourdin, se mettait en mesure de chasser tout le monde, lorsqu'un nouvel incident vint expliquer les cris que le général voulait faire cesser. Un lourd fourgon apparut au tournant de l'avenue, tellement chargé de monde que les chevaux ne pouvaient avancer qu'au pas. Le siège, l'impériale, les marchepieds étaient garnis d'hommes, de femmes, d'enfants.

Le général regardait ébahi, devinant que ce

fourgon contenait, outre sa charge accoutumée, tous les voyageurs de la berline.

LE GÉNÉRAL.

Sac à papier! voilà un tour de force! C'est plein à ne pas y passer une souris. Ils se sont tous fourrés dans le fourgon des domestiques. Ha, ha, ha! quelle entrée! Les pauvres chevaux crèveront avant d'arriver!... En voilà un qui butte!... La tête de ma nièce qui paraît à une lucarne! Sac à papier! comme elle crie! Furieuse, furieuse! »

Et le général se frottait les mains comme il en avait l'habitude quand il était très satisfait, et il riait aux éclats. Il voulut rester sur le perron pour voir se vider cette arche de Noé. Le fourgon arriva et arrêta devant le perron. Mme Papofski ne voyait pas son oncle; elle poussa à droite, à gauche, tout ce qui lui faisait obstacle, descendit du fourgon avec l'aide de son courrier; à peine fut-elle à terre qu'elle appliqua deux vigoureux soufflets sur les joues rouges et suantes de l'infortuné.

« Sot animal, coquin! je t'apprendrai à me planter là, à courir en avant sans tourner la tête pour me porter secours. Je prierai mon oncle de te faire donner cent coups de bâton.

LE COURRIER.

Veuillez m'excuser, Maria Pétrovna : j'ai couru en avant d'après votre ordre! Vous m'aviez commandé de courir sans m'arrêter, aussi vite que mon cheval pouvait me porter.

MADAME PAPOFSKI.

Tais-toi, insolent, imbécile! Tu vas voir ce que mon oncle va faire. Il te fera mettre en pièces!...

LE GÉNÉRAL, *riant*.

Pas du tout; mais pas du tout, ma nièce; je ne ferai ni ne dirai rien, car je vois ce qui en est. Non, je me trompe. Je dis et j'ordonne qu'on emmène le courrier dans la cuisine, qu'on lui donne un bon dîner, du *kvas*[1] et de la bière.

MADAME PAPOFSKI, *embarrassée*.

Comment, vous êtes là, mon oncle! Je ne vous voyais pas.... Je suis si contente, si heureuse de vous voir, que j'ai perdu la tête; je ne sais ce que je dis, ce que je fais! J'étais si contrariée d'être en retard! J'avais tant envie de vous embrasser! »

Et Mme Papofski se jeta dans les bras de son oncle, qui reçut le choc assez froidement et qui lui rendit à peine les nombreux baisers qu'elle déposait sur son front, ses joues, ses oreilles, son cou, ce qui lui tombait sous les lèvres.

MADAME PAPOFSKI.

Approchez, enfants, venez baiser les mains de votre oncle, de votre bon oncle, qui est si bon, si courageux, si aimé de vous tous! »

Et, saisissant ses enfants un à un, elle les poussa vers le général, qu'ils abordaient avec terreur; le

---

1. Boisson russe qui a quelque ressemblance avec le cidre.

Elle appliqua deux vigoureux soufflets sur les joues rouges et suantes de l'infortuné. (Page 43.)

dernier petit, qu'on venait d'éveiller et de sortir de la berline, se mit à crier, à se débattre.

« Je ne veux pas, s'écriait-il. Il me battra, il me fouettera; je ne veux pas l'embrasser! »

La mère prit l'enfant, lui pinça le bras et lui dit à l'oreille :

« Si tu n'embrasses pas ton oncle, je te fouette jusqu'au sang! »

Le pauvre petit Ivane retint ses sanglots, et tendit au général sa joue baignée de larmes. Son

« Approchez, enfants, venez baiser les mains de votre oncle. »
(Page 44.)

grand-oncle le prit dans ses bras, l'embrassa et lui dit en souriant :

« Non, enfant, je ne te battrai pas, je ne te fouetterai pas; qui est-ce qui t'a dit ça?

IVANE.

C'est maman et Sonushka. Vrai, vous ne me fouetterez pas?

LE GÉNÉRAL.

Non, mon ami; au contraire, je te gâterai.

IVANE.

Alors vous empêcherez ma maman de me fouetter?

LE GÉNÉRAL.

Je crois bien, sois tranquille! »

Le général posa Ivane à terre, se secoua pour se débarrasser des autres enfants qui tenaient ses bras, ses jambes, qui sautaient après lui pour l'embrasser, et offrant le bras à sa nièce :

« Venez, Maria Pétrovna, venez dans votre appartement. C'est arrangé à la française par mon brave Dérigny que voici, ajouta-t-il en le désignant à Mme Papofski, aidé par sa femme et ses enfants; ils ont des idées et ils sont adroits comme le sont tous les Français. C'est une bonne et honnête famille, pour laquelle je demande vos bontés.

MADAME PAPOFSKI.

Comment donc, mon oncle, je les aime déjà, puisque vous les aimez. Bonjour, monsieur Dérigny, ajouta-t-elle avec un sourire forcé et un regard méfiant; nous serons bons amis, n'est-ce pas? »

Dérigny salua respectueusement sans répondre.

MADAME PAPOFSKI, *durement*.

Venez donc, enfants, vous allez faire attendre votre oncle. Sonushka, marche à côté de ton oncle pour le soutenir.

LE GÉNÉRAL.

Merci, bien obligé, je marche tout seul : je ne suis pas encore tombé en enfance; Dérigny ne me met ni lisières ni bourrelet.

MADAME PAPOFSKI, *riant aux éclats*.

Ah! mon oncle, comme vous êtes drôle! Vous avez tant d'esprit!

LE GÉNÉRAL.

Vraiment! c'est drôle ce que j'ai dit? Je ne croyais pas avoir *tant d'esprit*.

MADAME PAPOFSKI, *l'embrassant*.

Ah! mon oncle! vous êtes si modeste! vous ne connaissez pas la moitié, le quart de vos vertus et de vos qualités!

LE GÉNÉRAL, *froidement*.

Probablement, car je ne m'en connais pas. Mais assez de sottises. Expliquez-moi comment vous avez laissé échapper votre voiture, et pourquoi vous vous êtes entassés dans votre fourgon comme une troupe de comédiens. »

Les yeux de Mme Papofski s'allumèrent, mais elle se contint et répondit en riant :

« N'est-ce pas, mon cher oncle, que c'était ridicule? Vous avez dû rire en nous voyant arriver.

LE GÉNÉRAL.

Ha, ha, ha! je crois bien que j'ai ri; j'en ris encore et j'en rirai toujours : surtout de votre colère contre le pauvre courrier qui a reçu ses deux soufflets d'un air si étonné; c'est qu'ils étaient donnés de main de maître : on voit que vous en avez l'habitude.

MADAME PAPOFSKI.

Que voulez-vous, mon oncle, il faut bien : huit enfants, une masse de bonnes, de domestiques! Que peut faire une pauvre femme séparée d'un mari qui l'abandonne, sans protection, sans fortune? Je suis bien heureuse de vous avoir, mon oncle, vous m'aiderez à arranger....

— Vous n'avez pas répondu à ma question, ma nièce, interrompit le général avec froideur; pourquoi votre voiture est-elle arrivée avant vous?

MADAME PAPOFSKI.

Pardon, mon bon oncle, pardon; je suis si heureuse de vous voir, de vous entendre, que j'oublie tout. Nous étions tous descendus pour nous reposer et marcher un peu, car nous étions dix dans la voiture; j'avais fait descendre Savéli le cocher et Dmitri le postillon. Mon second fils, Yégor, a imaginé de casser une branche dans le bois et de taper les chevaux, qui sont partis ventre à terre; j'ai fait courir Savéli et Dmitri tant qu'ils ont pu se tenir sur leurs jambes : impossible de rattraper ces maudits chevaux. Alors j'ai seulement fouetté Yégor, et puis nous nous sommes tous entassés avec les enfants et les bonnes dans le fourgon des domestiques, et nous avons été longtemps en route, parce que les chevaux avaient de la peine à tirer. J'ai fait pousser à la roue par les domestiques pour aller plus vite, mais ces imbéciles se fatiguaient quand les chevaux avaient galopé dix minutes, et ils tombaient sur la route; il y en a même un qui est resté quelque part sur le chemin. Il reviendra plus tard. »

Le général, se retournant vers ses domestiques, donna des ordres pour qu'on allât au plus vite

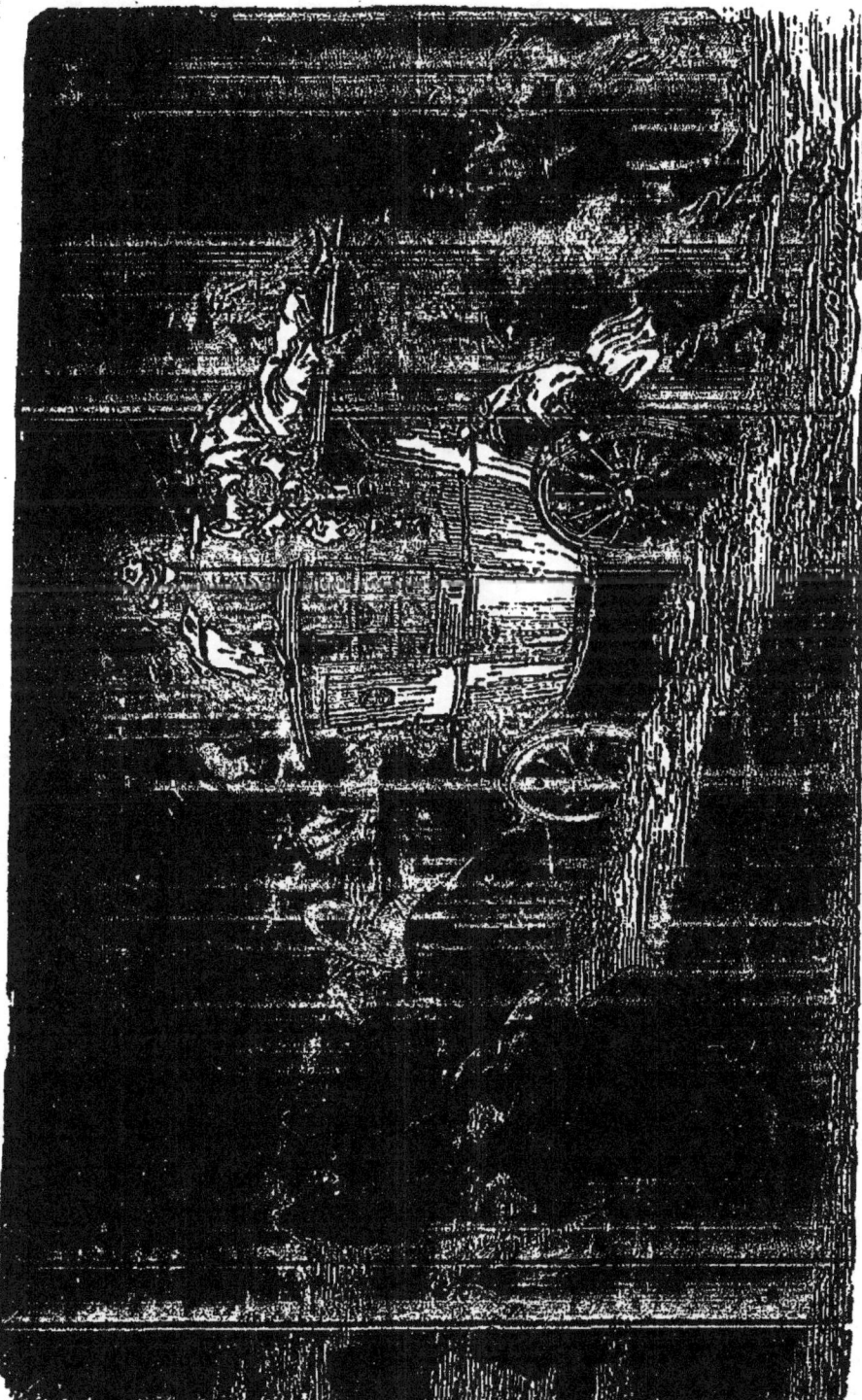

« Ces imbéciles se fatiguaient quand les chevaux avaient galopé dix minutes. »

avec une charrette à la recherche de ce pauvre garçon.

MADAME PAPOFSKI.

Ah! mon cher oncle! comme vous êtes bon! Vous êtes admirable!

LE GÉNÉRAL, *quittant le bras de sa nièce.*

Assez, Maria Pétrovna; je n'aime pas les flatteurs et je déteste les flatteries. Voici votre appartement; entrez, je vous suis. »

Mme Papofski rougit, entra et se trouva en face de Mme Dérigny et des enfants, qui achevaient les derniers embellissements dans la chambre de la nièce du général. Mme Dérigny salua; Jacques et Paul firent leur petit salut; Mme Papofski leur jeta un regard hautain, fit une légère inclinaison de tête et passa. Le général, mécontent du froid accueil fait à ses favoris, fit un demi-tour, se dirigea, sans prononcer un seul mot, vers la porte de la chambre, après avoir fait à Mme Dérigny et à ses deux enfants signe de le suivre, et sortit en fermant la porte après lui. Il retrouva dans le corridor les huit enfants de Mme Papofski, rangés contre le mur.

LE GÉNÉRAL.

Que faites-vous donc là, enfants?

SONUSHKA.

Mon oncle, nous attendons que maman nous permette d'entrer.

LE GÉNÉRAL.

Comment, imbéciles! vous ne pouvez pas entrer sans permission?

MITINEKA.

Oh non! mon oncle : maman serait en colère.

LE GÉNÉRAL.

Que fait-elle quand elle est en colère?

YÉGOR.

Elle nous bat, elle nous tire les cheveux.

LE GÉNÉRAL.

Attendez, mes amis, je vais vous faire entrer, moi; suivez-moi et ne craignez rien. Jacques et Paul, faites l'avant-garde des enfants : vous aiderez à les établir chez eux. »

Le général avança jusqu'à la porte qui donnait dans l'appartement des enfants, et les fit tous entrer; puis il alla vers la porte qui communiquait à la chambre de sa nièce, l'entr'ouvrit et lui dit à très haute voix :

« Ma nièce, j'ai amené les enfants dans leurs chambres; je vais leur envoyer les bonnes, et je ferme cette porte pour que vous ne puissiez entrer chez eux qu'en passant par le corridor.

MADAME PAPOFSKI.

Non, mon oncle; je vous en prie, laissez cette porte ouverte; il faut que j'aille les voir, les corriger quand j'entends du bruit. Jugez donc, mon oncle, une pauvre femme sans appui, sans fortune!... je suis seule pour les élever.

LE GÉNÉRAL.

Ma chère amie, ce sera comme je le dis, sans quoi je ne vous viens en aide d'aucune manière. Et, si pendant votre séjour ici j'apprends que

« Que faites-vous donc là, enfants ? »

vous ayez fouetté, maltraité vos enfants ou vos femmes, je vous en témoignerai mon mécontentement... dans mon testament.

MADAME PAPOFSKI.

Mon bon oncle, faites comme vous voudrez; soyez sûr que je ne.... »

Tr, tr, tr, la clef a tourné dans la serrure, qui se trouve fermée. Mme Papofski, la rage dans le cœur, réfléchit pourtant aux six cent mille roubles de revenu de son oncle, à sa générosité bien connue, à son âge avancé, à sa corpulence, à ses nombreuses blessures. Ces souvenirs la calmèrent, lui rendirent sa bonne humeur, et elle commença sa toilette. On ne lui avait pas interdit de faire enrager ses femmes de chambre : les deux qui étaient présentes ne reçurent que sottises et menaces en récompense de leurs efforts pour bien faire; mais, à leur grande surprise et satisfaction, elles ne reçurent ni soufflets ni égratignures.

V

PREMIER DÉMÊLÉ

Les petits Papofski regardaient avec surprise Jacques et Paul : ni l'un ni l'autre ne leur baisaient les mains, ne leur faisaient de saluts jusqu'à terre ; ils se tenaient droits et dégagés, les regardant avec un sourire.

MITINEKA.

Mon oncle, qui sont donc ces deux garçons qui ne disent rien?

LE GÉNÉRAL.

Ce sont les petits Français, deux excellents enfants ; le grand s'appelle Jacques, et l'autre Paul.

SONUSHKA.

Pourquoi ne nous baisent-ils pas les mains?

LE GÉNÉRAL.

Parce que vous êtes de petits sots, et qu'ils ne baisent que la main de leurs parents.

JACQUES.

Et la vôtre, général!

— Ils parlent français! ils savent le français! s'écrièrent Sonushka, Mitineka et deux ou trois autres.

LE GÉNÉRAL.

Je crois bien, et mieux que vous et moi.

PAVLOUSKA.

Est-ce que je peux jouer avec eux, mon oncle?

LE GÉNÉRAL.

Tant que tu voudras; mais je ne veux pas qu'on les tourmente. Allons, soyez sages, enfants; voilà vos bonnes qui apportent les malles. Je m'en vais; soyez prêts pour dîner dans une heure. »

Le général sortit après leur avoir caressé les joues, tapoté amicalement la tête, et après avoir recommandé aux bonnes d'envoyer les enfants au salon dans une heure.

« Jouons, dit Mitineka.

SONUSKHA.

A quoi allons-nous jouer?

MITINEKA.

Au cheval. Dis donc toi, grand, va nous chercher une corde.

JACQUES.

Pour quoi faire? la voulez-vous grande ou petite, grosse ou mince?

MITINEKA.

Très grande et très grosse. Dépêche-toi, cours vite. »

Jacques ne courut pas, mais alla tranquillement chercher la corde qu'on lui demandait. Il n'était pas trop content du ton impérieux de Mitineka : mais c'étaient les neveux du général, et il crut devoir obéir sans répliquer.

Pendant qu'il faisait sa commission, Yégor, l'un d'entre eux, âgé de huit ans, s'approcha de Paul et lui dit :

« Mets-toi à quatre pattes, que je monte sur ton dos : tu seras mon cheval. »

Le général sortit après leur avoir caressé les joues.

Paul était fort complaisant : il se mit à quatre pattes; Yégor sauta sur son dos et lui dit d'aller vite, très vite. Paul avança aussi vite qu'il pouvait.

« Plus vite, plus vite! criait Yégor. Nikalaï, Mitineka, Pavlouska, fouettez mon cheval, qu'il aille plus vite! »

Les trois frères saisirent chacun une petite baguette et se mirent à frapper Paul. Le pauvre petit voulut se relever, mais tous se jetèrent sur lui et l'obligèrent à rester à quatre pattes.

Paul criait et appelait Jacques à son secours; par malheur Jacques était loin et ne pouvait l'entendre.

« Au galop! lui criait Yégor toujours à cheval sur son dos. Ah! tu es un mauvais cheval, rétif! Fouettez, frères! fouettez! »

Les cris de Paul furent enfin entendus par Mme Dérigny; elle accourut, se précipita dans la chambre, culbuta Yégor, repoussa les autres et arracha de leurs mains son pauvre Paul terrifié.

« Méchants enfants, s'écria-t-elle, mon pauvre Paul ne jouera plus avec vous.

— Vous êtes une impertinente, dit Sonushka, et je demanderai à mon oncle de vous faire fouetter. »

Mme Dérigny poussa un éclat de rire, qui irrita encore plus les quatre aînés, et emmena Paul sans répondre. Jacques revenait avec la corde; effrayé de voir pleurer son frère, il crut que Mme Dérigny l'emmenait pour le punir.

« Maman, maman, pardonnez à ce pauvre Paul; laissez-le jouer avec les neveux du général », s'écria Jacques en joignant les mains.

Mais, quand il sut de Mme Dérigny pourquoi elle l'emmenait, et que Paul lui raconta la méchanceté de ces enfants, il voulut, dans son indignation, porter plainte au général; Mme Dérigny l'en empêcha.

« Il ne faut pas tourmenter le général de nos démêlés, mon petit Jacques, dit-elle. Ne jouez plus

« Au galop ! » lui criait Yégor toujours à cheval sur son dos.

avec ces enfants mal élevés, et Paul n'aura pas à en souffrir.

— Ils n'auront toujours pas la corde, dit Jacques en embrassant Paul et en suivant Mme Dérigny. T'ont-ils fait bien mal, ces méchants, mon pauvre Paul?

PAUL.

Non, pas trop; mais tout de même ils tapaient fort quand maman est arrivée, et puis j'étais fatigué. Le garçon que les autres appelaient Yégor était lourd, et je ne pouvais pas aller vite à quatre pattes. »

Jacques consola son frère de son mieux, aidé de Mme Dérigny; elle était occupée à réparer le désordre de leurs chambres, que Dérigny avait dépouillées pour rendre plus commodes celles de Mme Papofski et de ses enfants. Ils coururent à la recherche de Dérigny, qui courait de son côté pour trouver les objets nécessaires au coucher et à la toilette de sa femme et de ses enfants.

JACQUES.

Voilà papa, je le vois qui traverse la cour avec d'énormes paquets. Par ici, maman; par ici, Paul. »

Et tous trois se dépêchèrent d'aller le rejoindre.

« Que portez-vous donc, papa? dit Jacques quand il fut près de lui.

DÉRIGNY.

Des oreillers et des couvertures pour nous, mon cher enfant; nous n'en avions plus, j'avais donné les nôtres à la nièce du général et à ses enfants.

PAUL.

Papa, il faut tout leur reprendre; ils sont trop méchants; ils m'ont battu, ils m'ont fait aller si vite que je ne pouvais plus respirer. Yégor était si lourd, que j'étais éreinté.

DÉRIGNY.

Comment? déjà? ils ont joué au maître à peine arrivés? C'est un vilain jeu, auquel il ne faudra pas vous mêler à l'avenir, mes pauvres chers enfants.

JACQUES.

C'est ce que nous disait maman tout à l'heure. Si j'avais été là, Paul n'aurait pas été battu, car je serais tombé sur eux à coups de poing et je les aurais tous rossés.

DÉRIGNY, *souriant.*

Tu aurais fait là une jolie équipée, mon cher enfant! Battre les neveux du général! c'eût été une mauvaise affaire pour nous; le général eût été fort mécontent, et avec raison. N'oublie pas qu'il ne faut jamais agir avec ses supérieurs comme avec ses égaux, et qu'il faut savoir supporter avec patience ce qui nous vient d'eux.

JACQUES.

Mais, papa, je ne peux pas laisser maltraiter mon pauvre Paul.

DÉRIGNY.

Certainement non, mon brave Jacques; tu l'aurais emmené avant qu'on l'eût maltraité, et, comme tu es fort et résolu, tu les aurais facilement vaincus sans les battre.

JACQUES.

C'est vrai, papa ; une autre fois je ferai comme vous dites. Dès qu'ils contrarieront Paul, je l'emmènerai.

— C'est très bien, mon Jacquot, dit Dérigny en lui serrant la main.

PAUL.

Papa, je ne veux plus aller avec ces méchants.

— C'est ce que tu pourrais faire de mieux, mon chéri, dit Mme Dérigny en l'embrassant. Mais nous oublions que votre papa est horriblement chargé, et nous sommes là les mains vides sans lui proposer de l'aider.

DÉRIGNY.

Merci, ma bonne Hélène ; ce que je porte est trop lourd pour vous tous.

MADAME DÉRIGNY.

Nous en prendrons une partie, mon ami.

DÉRIGNY.

Mais non, laissez-moi faire. »

Jacques et Paul, sur un signe et un sourire de Mme Dérigny, se jetèrent sur un des paquets, et parvinrent, après quelques efforts et des rires joyeux, à l'arracher des mains de leur père.

« Encore », leur dit Mme Dérigny, les encourageant du sourire et s'emparant du paquet, qu'elle emporta en courant dans son appartement.

Une nouvelle lutte, gaie et amicale, s'engagea

entre le père et les enfants; ceux-ci attaquaient vaillamment les paquets; le père les défendait mollement, voulant donner à ses enfants le plaisir du triomphe; Jacques et Paul réussirent à en soustraire chacun un, et tous trois suivirent Mme Dérigny dans leur appartement. Ils se mirent à l'œuvre si activement, que le désordre des lits fut promptement réparé; seulement il fallut attendre quelques jours pour avoir les bois de lit, que Dérigny était obligé de fabriquer lui-même, et pour la vaisselle, qu'il fallait acheter à la ville voisine, située à seize kilomètres de Gromiline.

Leurs arrangements venaient d'être terminés lorsque le général entra. Sa face rouge, ses yeux ardents, son front plissé, ses mains derrière le dos, indiquaient une colère violente, mais comprimée.

« Dérigny, dit-il d'une voix sourde.
DÉRIGNY.
Mon général?
LE GÉNÉRAL.
Votre femme, vos enfants,... sac à papier! Pourquoi cherches-tu à te sauver, Jacques? Reste ici,... pourquoi as-tu peur, si tu es innocent!
JACQUES.
J'ai peur, général, parce que je devine ce que vous voulez dire; vous êtes fâché et je sens que je ne peux pas me justifier.
LE GÉNÉRAL.
Que crois-tu que je te reproche?

Une nouvelle lutte, gaie et amicale, s'engagea entre le père et les enfants. (Page 67.)

JACQUES.

Vous m'accusez, général, ainsi que Paul et ma pauvre maman, d'avoir manqué de respect aux enfants de madame votre nièce.

LE GÉNÉRAL.

Ah!!! c'est donc vrai, puisque tu le devines si bien.

JACQUES.

Non, mon général; c'est faux.

LE GÉNÉRAL.

Comment, c'est faux? Je suis donc un menteur, un calomniateur!

JACQUES.

Non, non, mon bon, mon cher général! mais... je ne veux rien dire; papa m'a dit que c'était mal de vous tourmenter en rapportant de vos neveux et de vos nièces. »

Le général se tourna vers Dérigny; son visage prit une expression plus douce, son regard devint affectueux.

LE GÉNÉRAL.

Merci, mon brave Dérigny, de ménager mon mauvais caractère; et toi, Jacques, merci de ce que tu m'as dit et de ce que tu m'as caché. Mais je te prie de me raconter sincèrement ce qui s'est passé et de m'expliquer pourquoi ma nièce est si furieuse.

JACQUES, *avec hésitation*.

Pardon, général.... J'aimerais mieux ne rien dire.... Vous seriez fâché peut-être,... ou bien vous ne me croiriez pas,... et alors c'est moi qui me fâcherais, et ce ne serait pas bien.

LE GÉNÉRAL, *souriant*.

Ah! tu te fâcherais? Et que ferais-tu? Tu me gronderais, tu me battrais?

JACQUES.

Non, général; je ne commettrais pas une si mauvaise action; mais en moi-même je serais en colère contre vous, je ne vous aimerais plus pendant quelques heures; et ce serait très mal, car vous avez été si bon pour papa, maman, pour Paul, pour moi, que je serais honteux ensuite d'avoir pu vivre quelques heures sans vous aimer.

— Bon, excellent garçon, dit le général attendri, en lui caressant la joue; tu m'aimes donc réellement, malgré mes humeurs, mes colères, mes injustices?

— Oh oui! général, beaucoup, beaucoup, répondit Jacques en appuyant ses lèvres sur la main du général, nous vous aimons tous beaucoup.

LE GÉNÉRAL.

Mes bons amis! et moi aussi je vous aime! Vous êtes mes vrais, mes seuls amis, sans flatterie et avec un véritable désintéressement. Je vous crois, je me fie à vous et je veux votre bonheur. »

Le général, de plus en plus attendri, essuyait ses yeux d'une main, et de l'autre continuait à caresser les joues de Jacques. La porte s'entr'ouvrit doucement, et la tête de Yégor parut.

« Mon oncle, maman vous fait demander de lui

envoyer tout de suite le petit Français et la mère, pour les faire fouetter devant elle. »

Le général se retourna; son visage devint flamboyant.

« Entre! » cria-t-il d'une voix tonnante.

« Va, petit gredin, petit menteur. » (Page 74.)

Yégor entra.

LE GÉNÉRAL.

Dis à ta mère que, si elle s'avise de toucher à un seul de mes Français, qui sont mes amis, mes enfants,... entends-tu? *mes... en...fants!* je la ferai fouetter elle-même devant moi, jusqu'à ce qu'elle n'ait plus de peau sur le dos. Va, petit gredin, petit menteur, va rejoindre tes scélérats de frères et sœurs. Et prenez garde à vous; si j'apprends qu'on ait maltraité mes petits amis Jacques et Paul, on aura affaire à moi. »

Yégor se retira effrayé et tremblant; il courut dire à sa mère, à ses frères et à ses sœurs ce qu'il venait d'entendre de la bouche de son oncle.

Mme Papofski pleura de rage, les enfants frémirent d'épouvante.

Après quelques minutes données à la colère, Mme Papofski se souvint des six cent mille roubles de revenu de son oncle : elle réfléchit et se calma.

« Écoutez-moi, dit-elle à ses enfants; je veux que vous soyez doux, complaisants et même aimables pour ces Français. Si l'un de vous leur dit ou leur fait la moindre injure, leur cause la moindre contrariété, je le fouette sans pitié; et vous savez comme je fouette quand je suis fâchée! »

Les enfants frémirent et promirent de ne jamais contrarier les petits Français.

« Et, quand vous les verrez, vous leur demanderez pardon; entendez-vous ?

— Oui, maman, répondirent les enfants en chœur.

— Et, quand vous causerez avec votre oncle, vous lui direz chaque fois que vous aimez tous ces Français.

— Oui, maman, répétèrent les huit voix ensemble.
— C'est bien. Allez-vous-en. »

Les enfants se retirèrent dans leur chambre, et se regardèrent quelque temps sans parler.

« Et vous savez comme je fouette quand je suis fâchée. »

« Je déteste ces Français, dit enfin Annouchka, qui avait cinq ans.

— Et moi aussi, dirent Sashineka, Nikalaï et Pavlouska.

— Chut! taisez-vous, dirent Sonushka et Mitineka; si elle vous entendait, elle vous arracherait les cheveux. »

La menace fit son effet; tous se turent.

« Il faudra tout de même nous venger, dit Yégor, après un nouveau silence.

— Nous verrons ça, mais plus tard », répondit Mitineka à voix basse.

VI

LES PAPOFSKI SE DÉVOILENT

Pendant que Mme Papofski donnait à ses enfants des conseils de fausseté et de platitude, conseils dont ses enfants ne devaient guère profiter, comme on le verra plus tard, le général calmait Dérigny, qui était hors de lui à la pensée des mauvais traitements qu'auraient pu souffrir sa femme et son enfant sans l'intervention du bon général, auquel il raconta, sur son ordre, ce qui s'était passé entre ses enfants et ceux de Mme Papofski.

LE GÉNÉRAL.

Ne vous effrayez pas, mon ami; je connais ma nièce, je m'en méfie, je ne la crois pas; et si l'un de vous avait à se plaindre de Maria Pétrovna ou de ses enfants, je les ferais tous partir dans la matinée. Je sais pourquoi ils sont venus à Gromiline. Je sais que ce n'est pas pour moi, mais pour mon argent; ils n'auront rien. Mon testament est fait; il n'y a rien pour eux. Je ne suis pas si sot que j'en ai l'air; je connais les amis et les ennemis, les bons et les mauvais. Au revoir, ma bonne Madame Dérigny; au revoir, mes bons petits Jacques et Paul. Venez, Dérigny; le dîner doit être servi, c'est vous qui êtes mon majordome; nous ne pouvons nous passer de vous. Vous reviendrez ensuite dîner et causer avec votre excellente femme et vos chers enfants. »

Le général sortit, suivi de Dérigny, et se rendit au salon, où il trouva sa nièce avec ses quatre aînés, qui l'attendaient; les quatre autres, âgés de six, cinq, quatre et trois ans, mangeaient encore dans leur chambre.

Le général entra en fronçant les sourcils; il offrit pourtant le bras à sa nièce et la conduisit dans la salle à manger. Mme Papofski était embarrassée; elle ne savait quelle attitude prendre; elle regardait son oncle du coin de l'œil. Quand le potage fut mangé, elle prit bravement son parti et se hasarda à dire :

« Ah! mon oncle! comme j'ai ri quand Yégor m'a fait votre commission; vous êtes si drôle, mon oncle! Vous avez dit des choses si amusantes!

LE GÉNÉRAL.

Elles étaient trop vraies pour vous paraître amusantes, ce me semble, Maria Pétrovna. Ce que Yégor vous a dit, je le ferais ou je le ferai : cela dépend de vous.

— Ah! mon oncle, reprit en riant Mme Papofski, qui étouffait de colère et la comprimait avec peine, vous avez cru ce que vous a dit ce niais de Yégor; il est si bête, il n'a rien compris de ce que je disais.

LE GÉNÉRAL.

Mais moi j'ai bien compris et je le répète : Malheur à celui qui touchera à un cheveu de mes Français!

MADAME PAPOFSKI.

Mais, mon oncle, Yégor a dit très mal! J'avais

Le général sortit, suivi de Dérigny, et se rendit au salon.

dit que vous m'envoyiez vos bons Français pour voir fouetter une de mes femmes qui a été impertinente. Vous, mon oncle, vous ne faites presque jamais fouetter; vous êtes si bon! Alors je croyais que cela les amuserait de venir voir ça avec moi. »

Le général la regarda avec étonnement et mépris. Le mensonge était si grossier, qu'il se sentit blessé de l'opinion qu'avait sa nièce de son esprit. Il la regarda un instant avec des yeux étincelants de colère, mais un regard jeté sur la figure inquiète et suppliante de Dérigny lui rendit son calme.

LE GÉNÉRAL.

Parlons d'autre chose, ma nièce; comment se porte votre sœur Natalia Pétrovna?

MADAME PAPOFSKI.

Très bien, mon oncle; toujours bien.

LE GÉNÉRAL.

Je la croyais souffrante depuis la mort de son mari.

MADAME PAPOFSKI.

Du tout, mon oncle; elle est gaie, elle s'amuse, elle danse; elle n'y pense pas seulement.

LE GÉNÉRAL.

Pourtant, son voisin M. Nassofkine m'a écrit il y a quelques jours, il me dit qu'elle pleurait sans cesse et qu'elle ne voyait personne.

MADAME PAPOFSKI.

Non, mon oncle, ne croyez pas ça. Ce Nassofkine ment toujours, vous savez.

LE GÉNÉRAL.

Et les enfants de Natalia?

MADAME PAPOFSKI.

Toujours insupportables, détestables.

LE GÉNÉRAL.

Nassofkine m'écrit que la fille aînée, qui a quinze ans, Natasha, est charmante et parfaite, et que les deux autres, Alexandre et Michel, sont aussi bien que Natasha.

MADAME PAPOFSKI.

Ha! ha! ha! comme il ment! Tous affreux et méchants!

LE GÉNÉRAL.

C'est singulier! Je vais écrire à Natalia Pétrovna de venir ici avec ses trois enfants; je veux voir par moi-même.

MADAME PAPOFSKI.

N'écrivez pas, mon oncle: ça vous donnera de la peine pour rien; elle ne viendra pas.

LE GÉNÉRAL.

Pourquoi ne viendrait-elle pas? Étant jeune, elle m'aimait beaucoup.

MADAME PAPOFSKI.

Ah! mon oncle, vous croyez cela? Vous êtes trop bon, vraiment. Elle sait que vous ne voyez pas beaucoup de monde; elle aura peur de s'ennuyer, et puis elle veut marier sa fille; elle n'a pas le sou; alors elle veut attraper quelque richard, vieux et laid.

LE GÉNÉRAL.

Tout juste! Je suis là, moi! Riche, vieux et laid. Elle me fera la cour, et je doterai sa fille. »

Mme Papofski pâlit et frissonna; elle trembla pour l'héritage, et ne put dissimuler son trouble; le général la regardait en dessous; il était rayonnant de la peur visible de cette nièce qu'il n'aimait pas, et de l'heureuse idée de faire venir l'autre sœur, dont il avait conservé le souvenir doux et agréable, et qui, par discrétion sans doute, ne demandait pas à venir à Gromiline. Mme Papofski continua à dissuader son oncle de faire venir Mme Dabrovine. Le général eut l'air de se rendre à ses raisonnements, et le dîner s'acheva assez gaiement. Mme Papofski était satisfaite d'avoir évincé sa sœur, dont elle redoutait la grâce, la bonté et le charme; le général était enchanté du tour qu'il préparait à Mme Papofski et du bien qu'il pouvait faire à Mme Dabrovine. Mme Papofski fut polie et charmante pour Dérigny, auquel elle prodiguait les louanges les plus exagérées.

« Comme vous découpez bien, monsieur Dérigny! Vous êtes un maître d'hôtel parfait!... Comme M. Dérigny sert bien! c'est un trésor que vous avez là, mon oncle! il voit tout, il sert tout le monde! Comme je serais heureuse de l'avoir chez moi!

LE GÉNÉRAL.

Il est probable que vous n'aurez jamais ce bonheur, ma nièce.

MADAME PAPOFSKI.

Pourquoi, mon ami? Il est si jeune et si fort!

LE GÉNÉRAL, *avec ironie*.

Et moi je suis si vieux, si gros et si usé!

MADAME PAPOFSKI.

Ah! mon oncle, comme vous êtes méchant! Comment pouvez-vous dire...?

LE GÉNÉRAL.

Mais... puisque vous dites que vous pourrez avoir Dérigny parce qu'il est jeune et fort! C'est donc après la mort de votre vieil oncle que vous comptez l'avoir? Non, non, ma chère; mon brave, mon bon Dérigny n'est ni pour vous ni pour personne: il est à moi, à moi seul; après moi, il sera à lui-même, à son excellente femme et à ses enfants. »

Mme Papofski se mordit les lèvres et ne parla plus. Après le dîner le général alla se promener; toute la bande Papofski le suivit; Sonushka, sur un signe de sa mère, marcha auprès de son oncle, cherchant à animer la conversation.

« Mon oncle, dit-elle après quelques efforts infructueux, comme j'aime les Français! »

Le général ne répondit pas.

SONUSHKA.

Mon oncle, j'aime vos petits Français; ils sont si bons, si complaisants! Je voudrais toujours jouer avec eux.

LE GÉNÉRAL.

Mais eux ne voudront pas jouer avec vous, parce que vous êtes querelleurs, méchants et menteurs.

SONUSHKA.

Ah! mon oncle! c'est Yégor qui a été méchant, mais nous ne le laisserons plus faire.

LE GÉNÉRAL.

Assez, assez, ma pauvre Sonushka : tu as bien répété ta leçon. Parlons d'autre chose. Aimes-tu ta tante Natalia Pétrovna?

SONUSHKA.

Mon oncle,... pas beaucoup.

LE GÉNÉRAL.

Pourquoi?

SONUSHKA.

Parce qu'elle est toujours triste; elle pleure toujours depuis que mon oncle a été tué à Sébastopol;

elle ne veut voir personne; alors c'est très ennuyeux chez elle.

LE GÉNÉRAL.

Et ses enfants?

SONUSHKA.

Mon oncle, ils sont ennuyeux aussi, parce qu'ils sont toujours avec ma tante, et ce n'est pas amusant.

LE GÉNÉRAL.

Ah! ils sont toujours avec leur mère? Et pourquoi cela? Est-ce qu'elle les retient près d'elle?

SONUSHKA.

Oh non! mon oncle, au contraire, elle veut toujours qu'ils s'amusent, qu'ils sortent; ce sont eux qui veulent rester.

LE GÉNÉRAL.

Sont-ils laids, ses enfants?

SONUSHKA.

Oh non! mon oncle; Natacha est très jolie, mais elle est toujours si mal mise! Ma tante est si pauvre! Les autres sont jolis aussi.

— Ah! ah! » dit le général.

Et il continua sa promenade sans parler à personne. Le soir il demanda à sa nièce si l'odeur du tabac lui serait désagréable.

MADAME PAPOFSKI.

Du tout, mon oncle, au contraire! Je l'aime tant! Je me souviens si bien comme vous fumiez quand j'étais petite! J'aimais tant ça à cause de vous!

« Assez, assez, ma pauvre Sonushka tu as bien répété ta leçon. » (Page 83.)

Le général la regarda d'un air moqueur, et se mit à fumer jusqu'au moment où, le sommeil le gagnant, il s'endormit dans son fauteuil. Les enfants allèrent se coucher. Mme Papofski alla frapper à la porte de Dérigny, qu'elle trouva sortant de table ; ils mangeaient chez eux, d'après l'ordre du général, qui avait voulu qu'on les servît à part et dans leur appartement.

« Entrez », dit Mme Dérigny.

Elle rougit beaucoup lorsqu'elle vit entrer Mme Papofski ; Dérigny fit un mouvement de surprise ; Jacques et Paul dirent « Ah ! » et tous se levèrent.

« Ne vous dérangez pas, ma bonne dame : je serais si désolée de vous déranger ! Je viens vous dire combien mes enfants sont fâchés d'avoir fait pleurer, sans le vouloir, votre petit garçon. Je les ai bien grondés ; ils ne recommenceront plus. Comme ils sont charmants, vos enfants ! Il faut absolument que je les embrasse ! »

Mme Papofski s'approcha de Jacques et de Paul, qui reculaient et cherchaient à éviter le contact de Mme Papofski ; mais Dérigny les fit avancer et ils furent obligés de se laisser embrasser.

« Charmants ! répéta-t-elle en se retirant. Adieu, Monsieur Dérigny ; adieu, ma chère Madame Dérigny. Dites demain matin à mon oncle que je trouve vos enfants charmants. »

Elle se retira en souriant, et laissa les Dérigny étonnés et indignés.

MADAME DÉRIGNY.

En voilà une qui est fausse! Ne dirait-on pas qu'elle nous aime et nous veut du bien?... C'est incroyable! Croit-elle que j'aie déjà oublié sa froideur et ses menaces?

DÉRIGNY.

Est-ce qu'elle réfléchit seulement à ce qu'elle dit? Elle voit les bontés du général pour nous; elle comprend qu'elle ne pourra pas nous perdre dans son esprit; que notre appui pourra lui être utile auprès de son oncle, qu'elle voudrait piller et dépouiller; alors elle change de tactique : elle nous fait la cour au lieu de nous maltraiter.

PAUL.

Papa, je n'aime pas cette dame; elle a l'air méchant; tout à l'heure, quand elle m'embrassait, j'ai cru qu'elle allait me mordre. »

Dérigny sourit, regarda sa femme qui riait bien franchement, et embrassa Paul.

DÉRIGNY.

Elle ne te mordra pas tant que le général sera là, mon enfant.

PAUL.

Et si le général s'en allait?

DÉRIGNY.

Dans ce cas, elle nous ferait tout le mal qu'elle pourrait; mais le général ne s'en ira pas sans nous emmener.

JACQUES.

Mais si le général venait à mourir, papa?

Il demanda à sa nièce si l'odeur du tabac lui serait désagréable.
(Page 84.)

DÉRIGNY.

Que Dieu nous préserve de ce malheur, mon enfant! Dans ce cas nous partirions de suite.

MADAME DÉRIGNY.

Le bon Dieu ne permettra pas que cet excellent général meure sans avoir le temps de se reconnaître. N'ayez pas de si terribles pensées, mes chers enfants; ayons confiance en Dieu, toujours si bon pour nous. Espérons pour le mieux, et remplissons notre devoir jour par jour, sans songer à un avenir incertain.

« Toc, toc, peut-on entrer? dirent une demi-douzaine de voix enfantines.

— Une nouvelle invasion de l'ennemi, dit à mi-voix Dérigny en riant. Entrez! »

Les huit petits Papofski se précipitèrent dans la chambre, entourèrent Jacques et Paul, et les embrassèrent avec la plus grande tendresse.

« Pardonnez-nous! s'écrièrent tous à la fois les quatre grands.

— Pardonnez-leur! » ajoutèrent les voix aiguës des quatre plus jeunes.

Jacques et Paul, bousculés, étouffés, ennuyés, ne répondaient pas et cherchaient à se dégager des étreintes de ces faux amis.

« Je vous en prie, pardonnez-nous, dit Sonushka d'un air suppliant, sans quoi maman nous fouettera.

JACQUES.

Je vous pardonne de tout mon cœur, et Paul aussi.

PAUL.

Non, pas moi, je ne leur pardonnerai jamais.

MITINEKA.

Je vous supplie, petit Français, pardonnez-nous.

PAUL.

Non, je ne veux pas.

JACQUES.

Ce n'est pas bien, Paul, de ne pas pardonner à ses ennemis. Tu vois que je pardonne, moi.

PAUL.

Je veux bien leur pardonner ce qu'ils m'ont fait, à moi : mais ces méchants ont voulu faire battre maman, et je ne leur pardonnerai jamais cela.

JACQUES.

Mais puisqu'ils en sont bien fâchés.

PAUL.

Non, ils font semblant. »

Un concert de sanglots et de gémissements se fit entendre; les huit enfants pleuraient et se lamentaient.

« On va nous fouetter! hurlaient-ils. Petit Français, nous te donnerons tout ce que tu voudras; pardonne-nous.

PAUL.

Demandez pardon à maman : si elle vous pardonne, je vous pardonnerai aussi. »

Le groupe sanglotant se tourna vers Mme Dérigny, en joignant les mains et en demandant grâce.

MADAME DÉRIGNY.

Que Dieu vous pardonne comme je vous par-

« Entrez », dit Mme Dérigny. (Page 87.)

donne, pauvres enfants! Et toi, Paul, ne fais pas le méchant et pardonne quand on te demande pardon.

— Je vous pardonne comme maman, dit Paul d'un air majestueux.

— Merci, merci; nous vous aimerons beaucoup: maman l'a ordonné. Adieu, Français; à demain. »

Les huit enfants firent force saluts et révérences, et s'en allèrent avec autant de précipitation qu'ils étaient entrés.

Dérigny, qui avait écouté et regardé en tournant sa moustache sans mot dire, leva les épaules et soupira.

« Ces petits malheureux, comme ils sont élevés! Ce n'est pas leur faute s'ils sont méchants, menteurs, calomniateurs, lâches, hypocrites! Ils sont terrifiés par leur mère.

JACQUES.

Papa, est-ce qu'il faudra jouer avec eux quand ils nous le demanderont?

DÉRIGNY.

Il faudra bien, mon Jacquot, mais le plus rarement possible; et prends garde, mon petit Paul, d'aller avec eux sans Jacques.

PAUL.

Jamais, papa; j'aurais trop peur. »

Il était tard, on alla se coucher.

VII

LE COMPLOT

Dérigny était un soir près du général; quelques jours s'étaient passés depuis l'arrivée de Mme Papofski, et tout avait marché le plus doucement du monde. Le général se frottait les mains et riait : il méditait certainement une malice.

« Dérigny, mon ami, dit-il d'un air joyeux, je vous ai préparé de l'ouvrage.

DÉRIGNY.

Tant que vous voudrez, mon général : mon temps est tout à vous, et je ne saurais l'employer plus agréablement qu'à vous servir.

LE GÉNÉRAL.

Toujours le même! toujours dévoué! C'est que, voyez-vous, mon ami, j'attends du monde sous peu de jours, et il me faudra des lits à la fran-

çaise, des toilettes et un ameublement complet, et vous seul pouvez le faire.
DÉRIGNY.
Je suis prêt, mon général. Que faut-il avoir? Pour combien de personnes?
LE GÉNÉRAL.
Une femme, une jeune personne et deux garçons de dix et douze ans.
DÉRIGNY.
Combien de jours, mon général, me donnez-vous pour tout préparer?
LE GÉNÉRAL.
Quinze jours et autant de monde que vous en demanderez.
DÉRIGNY.
Ce sera fait, mon général.
LE GÉNÉRAL.
Bravo! admirable! Ne ménagez rien! Que ce soit mieux que chez la Papofski.
DÉRIGNY.
Mon général, pourrai-je aller à la ville acheter ce qu'il me faudra en vaisselle, meubles, etc.?
LE GÉNÉRAL.
Allez où vous voudrez, achetez ce que vous voudrez : je vous donne carte blanche.
DÉRIGNY.
Quelles sont les chambres qu'il faut arranger, mon général?
LE GÉNÉRAL.
Les plus belles! celles qui étaient si abimées,

et que j'ai fait remettre à neuf sous votre direction. Et vous ne me demandez pas pourquoi je vous donne tant de mal?

DÉRIGNY.

Je ne me permettrais pas une pareille indiscrétion, mon général.

LE GÉNÉRAL.

C'est pour ma nièce.

— Mme Papofski? s'écria Dérigny en faisant un saut en arrière.

Dérigny était un soir près du général. (Page 97.)

LE GÉNÉRAL, *riant aux éclats*.

Vous voilà! c'est ça que j'attendais! Le coup de théâtre; les yeux écarquillés! le saut en arrière! la bouche ouverte! Ah! ah! ah! est-il étonné!... Eh bien, non, mon ami, je ne vous ferais pas la malice de vous faire travailler pour cette nièce méchante, hypocrite et rusée.... N'allez pas lui redire ça, au moins.

DÉRIGNY, *riant*.

Il n'y a pas de danger, mon général.

LE GÉNÉRAL.

Bon! C'est pour mon autre nièce, Natalia, qui était bonne et aimante quand je l'ai quittée il y a dix ans, et qui est encore, d'après le mal que m'en a dit Maria Pétrovna, le très rare mais vrai type russe; ses enfants doivent être excellents; je leur ai écrit à tous d'arriver. Et nous allons avoir une entrevue charmante entre les deux sœurs; la Papofski sera furieuse! Elle, ne sait rien. Arrangez-vous pour qu'elle ne devine rien. Faites travailler dans le village, et profitez des heures où elle sera sortie pour faire apporter les lits et les meubles dans le bel appartement. J'irai voir tout ça, mais en cachette.... La bonne idée que j'ai eue là; ah! ah! ah! la bonne farce pour la Papofski! »

Dérigny et sa femme se mirent à l'œuvre dès le lendemain; Dérigny alla à Smolensk acheter ce qui lui était nécessaire; les menuisiers, les serruriers, les ouvriers de toute espèce furent mis à sa disposition; on fabriqua des lits, des commodes, des tables, des fauteuils, des toilettes; Dérigny et sa femme remplacèrent les tapissiers qui manquaient. Le général allait et venait, distribuait des gratifications et de l'eau-de-vie, encourageait et approuvait tout. Les paysans travaillaient de leur mieux et bénissaient le Français qui leur valait la bonne humeur et les dons généreux de leur maître. Vassili était reconnaissant de l'humanité de Dérigny, qui lui avait épargné les cent coups de bâton auxquels l'avait condamné le général dans un premier moment de colère, et dont il n'avait plus parlé; il secondait Dérigny avec l'intelligence qui caractérise le peuple russe. Avant les quinze jours, tout était terminé, les meubles mis en place, les fenêtres et les lits garnis de rideaux; quand le général alla visiter l'appartement destiné à Mme Dabrovine, il témoigna une joie d'enfant, admirant tout : l'élégance des draperies, le poli et le brillant des meubles, la beauté des sièges. Il s'assit dans chaque fauteuil, examina tous les objets de toilette, se frotta les mains, donna une poignée d'assignats à Vassili et aux ouvriers, et, se tournant vers Dérigny et sa femme :

« Quant à vous, mes amis, ce n'est pas avec de l'or que je reconnais votre zèle, votre activité, votre talent; ce serait vous faire injure. Non, c'est avec mon cœur que je vous récompense, avec mon amitié, mon estime et ma reconnaissance! C'est que vous avez fait là un vrai tour de force, un coup de maître! Merci, mille fois merci, mes bons amis. (Le général leur serra les mains.) Ah! Maria Pétrovna! vous allez être punie de votre méchanceté! Grâce à mes bons Dérigny, vous allez avoir une colère furieuse! et d'autant plus terrible que vous n'oserez pas me la montrer!... Quand donc ma petite Dabrovine arrivera-t-elle avec sa Natasha et ses deux garçons? Je donnerais dix mille, vingt mille roubles pour qu'elle arrivât aujourd'hui même. »

Le général quitta l'appartement presque en courant, pour aller voir s'il ne voyait rien venir. Dérigny et sa femme étaient heureux de la joie du bon et malicieux général; et peut-être partageaient-ils un peu la satisfaction qu'ils laissaient éclater de la colère présumée de Mme Papofski.

Jacques et Paul, présents à cette scène, riaient et sautaient. Ils avaient habilement évité les prévenances hypocrites des petits Papofski, et avaient réussi à ne pas jouer une seule fois avec eux. Quand ils les rencontraient, soit dans la maison, soit dehors, ils feignaient d'être pressés de rejoindre leurs parents, qui les attendaient, disaient-ils; et, quand les petits Papofski insistaient, ils s'échappaient en courant, avec une telle vitesse, que leurs poursuivants ne pouvaient jamais les atteindre. Lorsque Jacques et Paul voulaient prendre leurs leçons et s'occuper tranquillement, ils s'enfermaient à double tour dans leur chambre avec Mme Dérigny, et tous riaient sous cape quand ils entendaient appeler, frapper à la porte.

Mme Papofski profitait de toutes les occasions pour témoigner « son amitié », son admiration aux excellents Français de son bon oncle; malgré la politesse respectueuse des Dérigny, elle se sentait démasquée et repoussée. La conduite de son oncle l'inquiétait : il l'évitait souvent, ne la recherchait jamais, lui lançait des mots piquants, moitié plaisants, moitié sérieux, qu'elle ne savait comment prendre. Deux ou trois fois elle avait essayé de

Il s'assit dans chaque fauteuil. (Page 101.)

l'attendrissement, des pleurs : le général l'avait chaque fois quittée brusquement et n'avait pas reparu de la journée ; alors elle changea de manière et prit en plaisantant les attaques les plus directes et les plus blessantes. Quelquefois le général était pris d'accès de gaieté folle ; il plaignait sa nièce de la vie ennuyeuse qu'il lui faisait mener ; il lui promettait du monde, des distractions ; et alors sa gaieté redoublait ; il riait, il se frottait les mains, il se promenait en long et en large, et dans sa joie il courait presque.

VIII

ARRIVÉE DE L'AUTRE NIÈCE

Le jour même où le général avait témoigné si ardemment le désir de voir arriver sa nièce Dabrovine, et où il était allé bien loin sur la grande route, espérant la voir venir, il aperçut un nuage de poussière qui annonçait un équipage. Il s'arrêta haletant et joyeux; le nuage approchait; bientôt il put distinguer une voiture attelée de quatre chevaux arrivant au grand trot. Quand la voiture fut as-  sez près pour que ses signaux fussent aperçus, il agita son mouchoir, sa canne, son chapeau, pour faire signe au cocher d'arrêter. Le cocher retint ses chevaux; le général s'approcha de la portière et vit une femme encore jeune et charmante, en grand deuil; près d'elle était une jeune personne d'une beauté remarquable; en face, deux jeunes garçons. Sur le siège, près du cocher, était une personne qui avait l'apparence d'une femme de chambre.

« Natalie! ma nièce! dit le général en ouvrant la portière.

— Mon oncle! c'est vous! répondit Mme Dabrovine (car c'était bien elle) en s'élançant hors de la voiture et en se jetant au cou du général. Oh! mon oncle! mon bon oncle! Quel terrible malheur depuis que je ne vous ai vu! Mon pauvre Dmitri! mon excellent mari! tué! tué à Sébastopol! »

Mme Dabrovine s'appuya en sanglotant sur l'épaule de son oncle.

Le général, ému de cette douleur si vive et si vraie, la serra dans ses bras et s'attendrit avec elle.

LE GÉNÉRAL.

Ma pauvre enfant! ma chère Natalie! Pleure, mon enfant, pleure dans les bras de ton oncle, qui sera ton père, ton ami!... Pauvre petite! Tu as bien souffert!

MADAME DABROVINE.

Et je souffrirai toujours, mon cher oncle! Comment oublierai-je un mari si bon, si tendre? Et mes pauvres enfants! Ils pleurent aussi leur excellent père, leur meilleur ami! Mon chagrin augmente le leur et les désespère.

LE GÉNÉRAL.

Laisse-moi embrasser les enfants, ma chère Na-

Il agita son mouchoir, sa canne, son chapeau. (Page 107.)

talie, ils m'ont oublié, mais moi j'ai pensé bien souvent à vous tous.

MADAME DABROVINE.

Descends, Natasha; et vous aussi, Alexandre et Michel. Votre oncle veut vous embrasser. »

Natasha s'élança de la berline et embrassa tendrement son vieil oncle, qu'elle n'avait pas oublié, malgré sa longue absence.

« Laisse-moi te regarder, ma petite Natasha, dit le général après l'avoir embrassée à plusieurs reprises. Le portrait de ta mère! Comme si je la voyais à ton âge!... Ma chère enfant! Tu aimeras encore ton vieux gros oncle? tu l'aimais bien quand tu étais petite.

— Je l'aime encore et je l'aimerai toujours, répondit Natasha avec un affectueux sourire; surtout, ajouta-t-elle tout bas, si vous pouvez consoler un peu pauvre maman, qui est si malheureuse.

— Je ferai ce que je pourrai, mon enfant!... Et les autres, je veux aussi leur donner le baiser paternel. »

Alexandre et Michel se laissèrent embrasser par le général.

LE GÉNÉRAL.

Y a-t-il de la place pour moi, mes enfants, dans votre voiture?

NATASHA.

Certainement, mon oncle; je me mettrai en face de vous avec Alexandre et Michel, et vous serez près de maman. »

Le général fit monter en voiture sa nièce Dabrovine, malgré une légère résistance, car elle aurait voulu faire monter son oncle le premier.

« A toi, Natasha, maintenant; monte! Appuie-toi sur mon bras.

NATASHA.

Non, mon oncle, je me mettrai en face de vous quand vous serez placé.

— Alors, montez, les petits, dit le général en souriant. A toi à présent, ma petite Natasha.

NATASHA.

Pas avant vous, mon oncle; je vous en prie.

LE GÉNÉRAL.

Comme tu voudras, mon enfant.... Houp! je monte. »

Et le général se hissa péniblement.

Natasha sauta légèrement et prit place en face de son oncle. Pour la première fois depuis deux ans, un sourire vint animer le visage doux et triste de Mme Dabrovine. Ce sourire fut aperçu par Natasha, qui dans sa joie serra les mains de son oncle en lui disant à l'oreille :

« Elle sourit. »

L'oncle sourit aussi et regarda avec tendresse sa nièce et sa petite-nièce; il se pencha à la portière, et cria au cocher d'aller aussi vite que le permettrait la fatigue de ses chevaux.

Le général adressa une foule de questions à sa nièce et aux enfants, et découvrit, malgré l'intention visible de sa nièce de le lui dissimuler, qu'ils

Mme Dabrovine s'appuya en sanglotant sur l'épaule de son oncle. (P. 108.)

étaient pauvres, et que c'était par nécessité qu'ils vivaient toujours à la campagne, aussi retirés que le permettait leur nombreux voisinage.

« Nous arrivons, dit le général ; voici mon Gromiline ; c'est là que je vous ai vus pour la dernière fois.

MADAME DABROVINE.

Et c'est là que j'ai été longtemps heureuse près de vous avec mon pauvre Dmitri, mon cher oncle.

LE GÉNÉRAL.

Et c'est là, je l'espère, mon enfant, que tu vivras désormais ; tu y seras comme chez toi, et je veux que tu y jouisses de la même autorité que moi-même.

MADAME DABROVINE.

Je n'abuserai pas de votre permission, mon bon oncle !

LE GÉNÉRAL.

J'en suis bien sûr, et c'est pourquoi je te la donne ; mais tu en useras, je le veux. Ah ! pas de réplique ! Tu te souviens que je suis méchant quand on me résiste. »

Mme Dabrovine se pencha en souriant vers son oncle et lui baisa la main. Les yeux de Natasha brillèrent. Sa mère avait encore souri.

IX

TRIOMPHE DU GÉNÉRAL

La voiture approchait du perron; des domestiques accouraient de tous côtés; Mme Papofski, que ses enfants avaient avertie de l'approche d'une visite, s'était postée sur le perron pour voir descendre les invités du général.

« Enfin ! se disait-elle, voici quelqu'un ! Je ne serai plus toujours seule avec ce méchant vieux qui m'ennuie à mourir. »

Elle ne put retenir un cri de surprise en voyant le général sortir de cette vieille berline; sa corpulence remplissait la portière et masquait les personnes que contenait la voiture.

« Comment, mon oncle, vous là dedans ?
— Oui, Maria Pétrovna, c'est moi, dit le général en s'arrêtant sur le marchepied et en continuant à masquer son autre nièce aux regards avides

de Mme Papofski. Je vous amène du monde : devinez qui.

MADAME PAPOFSKI.

Comment puis-je deviner, mon oncle? Je ne connais aucun de vos voisins; vous n'avez jamais invité personne.

LE GÉNÉRAL.

Ce ne sont pas des voisins, ce sont des amis que je vous amène, d'anciens amis; car vous n'êtes pas jeune, Maria Pétrovna. »

Mme Papofski rougit beaucoup et voulut répondre, mais elle se mordit les lèvres, se tut et attendit.

« Voilà! dit le général après l'avoir contemplée un instant avec un sourire de triomphe. Voilà vos amis! »

Il descendit, se tourna vers la portière, fit descendre sa petite-nièce (Mme Papofski étouffa un cri de rage),... puis sa nièce.... (Mme Papofski ne put retenir un sourd gémissement; une pâleur livide remplaça l'animation de son teint; elle chancela et s'appuya sur l'épaule de son oncle.)

LE GÉNÉRAL.

Vous voilà satisfaite! J'avais raison de dire d'*anciens amis*! J'aime cette émotion à la vue de votre sœur. C'est bien. Je m'y attendais. »

Le général avait l'air rayonnant; son triomphe était complet. Mme Papofski luttait contre un évanouissement; elle voulut parler, mais sa bouche entr'ouverte ne laissait échapper aucun son; elle eut pourtant la pensée confuse que son trouble pouvait être interprété favorablement; cet espoir la ranima, ses forces revinrent; elle s'approcha de sa sœur tremblante :

« Pardon, ma sœur, j'ai été si saisie !

LE GÉNÉRAL, *avec malice.*

Et si heureuse !

MADAME PAPOFSKI, *avec hésitation.*

Oui, mon oncle : vous l'avez dit : si heureuse de voir cette pauvre Natalie.

Mme Papofski s'était postée sur le perron. (Page 117).

LE GÉNÉRAL, *de même.*

Et chez moi encore. Cette circonstance a dû augmenter votre bonheur.

MADAME PAPOFKSI, *d'une voix faible.*

Certainement, mon oncle. Je suis..., j'ai..., je sens... la joie....

LE GÉNÉRAL, *riant.*

Eh ! embrassez-vous ! Embrassez votre nièce, vos neveux, Maria Pétrovna ; et remettez-vous. »

Mme Papofski embrassa en frémissant sœur, nièce et neveux.

« Viens, mon enfant, que je te mène à ton appartement, dit le général en prenant le bras de Mme Dabrovine. Suivez-nous, Maria Pétrovna. »

Le langage affectueux du général à Natalie occasionna à Mme Papofski un nouveau frémissement; elle repoussa Natasha et ses frères, qui restèrent un peu en arrière, et suivit machinalement.

Le général pressait le pas; en arrivant près de la porte du bel appartement, il quitta le bras de Natalie, la porte s'ouvrit; Dérigny, sa femme et ses enfants attendaient le général avec sa nièce à l'entrée de la porte.

LE GÉNÉRAL.

Te voici chez toi, ma chère enfant, et je suis sûr que tu y seras bien, grâce à mon bon Dérigny que voici, à son excellente femme que voilà, et même à leurs enfants, mes deux petits amis, Jacques et Paul, qui ont travaillé comme des hommes. Je te les présente tous et je les recommande à ton amitié.

MADAME DABROVINE.

D'après cette recommandation, mon oncle, vous devez être assuré que je les aimerai bien sincèrement, car ils vous ont sans doute donné des preuves d'attachement, pour que vous en parliez ainsi. »

Et Mme Dabrovine fit un salut gracieux à Dérigny et à sa femme, s'approcha de Jacques et de Paul, qu'elle baisa au front en leur disant :

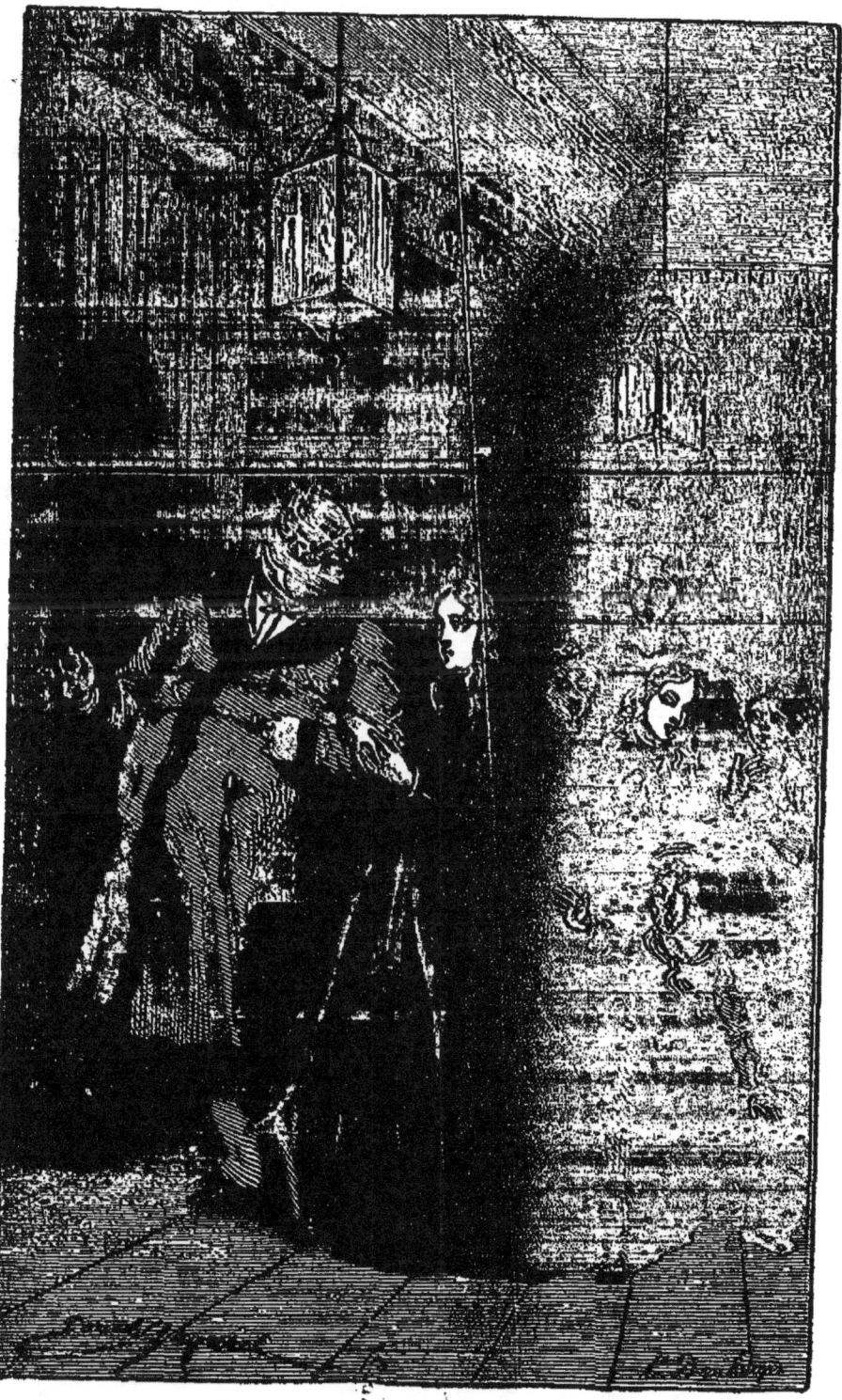

« Viens, mon enfant, que je te mène à ton appartement. »

« J'espère, enfants, que vous serez bons amis avec les miens, qui sont à peu près de votre âge ; vous leur apprendrez le français, ils vous apprendront le russe ; ce seront des services que vous vous rendrez réciproquement.

— Entrez, entrez tous, s'écria le général, et voyez ce qu'a fait Dérigny, en quinze jours, de cet appartement sale et démeublé. »

Mme Papofski se précipita dans la première pièce, qui était un joli salon ou salle d'étude. Rien n'avait été oublié ; des meubles simples, mais commodes, une grande table de travail, un piano, une jolie tenture de perse à fleurs, des rideaux pareils, donnaient à ce salon un aspect élégant et confortable.

Mme Papofski restait immobile, regardant de tous côtés, pâlissant de plus en plus.

Mme Dabrovine examinait, d'un œil triste et doux, les détails d'ameublement qui devaient rendre cette pièce si agréable à habiter ; quand elle eut tout vu, elle s'approcha de son oncle, les yeux pleins de larmes, et, lui baisant la main :

« Mon oncle, que vous êtes bon ! Oui, bien bon ! Quels soins aimables ! »

Natasha avait couru à tous les meubles, avait tout touché, tout examiné ; en terminant son inspection, elle vint se jeter au cou de son oncle et l'embrassa à plusieurs reprises en s'écriant :

« Que c'est joli, mon oncle, que c'est joli ! Je n'ai jamais rien vu de si joli, de si commode. Nous resterons ici toute la journée, maman et moi; et vous, mon oncle, vous viendrez nous y voir très souvent et très longtemps; vous fumerez là, dans ce bon fauteuil, près de cette fenêtre, d'où l'on a une si jolie vue, car je me souviens que vous aimez à fumer. Alexandre, Michel et moi, nous travaillerons autour de cette belle table; nous jouerons du piano, et pauvre maman sera là tout près de vous.

MADAME PAPOFSKI, *avec un sourire forcé.*

Et moi, Natasha, où est ma place?

NATASHA, *embarrassée et rougissant.*

Pardon, ma tante; je ne pensais pas... qu'il vous fût agréable... de..., de....

— ...de sentir l'odeur du tabac, cria le général en embrassant à son tour sa bonne et aimable petite-nièce, et en riant aux éclats.

— Merci, mon oncle, lui dit Natasha à l'oreille en lui rendant son baiser, je l'avais oubliée.

LE GÉNÉRAL.

Allons dans les chambres à coucher à présent. Voici la tienne, mon enfant. »

Nouvelle surprise, nouvelles exclamations, et fureur redoublée de Mme Papofski, qui comparait son appartement avec celui de la sœur qu'elle détestait. Natasha et ses frères couraient de chambre en chambre, admiraient, remerciaient. Quand ils surent que tout était l'ouvrage des Dérigny, Natasha se jeta au cou de Mme Dérigny et serra les mains de Dérigny, pendant que les deux plus jeunes embrassaient avec une joie folle Jacques et Paul.

Le général ne se possédait pas de joie; il riait aux éclats, il se frottait les mains, selon son habitude dans ses moments de grande satisfaction, il marchait à grands pas, il regardait avec tendresse Mme Dabrovine, qui souriait des explosions de joie de ses enfants, et Natasha, dont les yeux rayonnants exprimaient le bonheur et la reconnaissance; sans cesse en passant et repassant devant son oncle, elle déposait un baiser sur sa main ou sur son front.

« Mon oncle, mon oncle, s'écria-t-elle, que je suis heureuse! Que vous êtes bon!

LE GÉNÉRAL.

Et moi donc, mes enfants! Je suis heureux de votre joie! Depuis de longues, longues années, je n'avais vu autour de moi une pareille satisfaction. Une seule fois, en France, j'ai fait des heureux : mes bons Dérigny et leurs frère et sœur, Moutier et Elfy.

NATASHA.

Oh! mon oncle, racontez-nous ça, je vous en prie. Je voudrais savoir comment vous avez fait et ce que vous avez fait.

— Plus tard, ma fille, répondit le général en souriant; ce serait trop long. A présent, reposez-vous, arrangez-vous dans votre appartement. Dérigny va vous envoyer votre femme de chambre! dans une heure nous dînerons. Maria Pétrovna, restez-vous avec votre sœur?

MADAME PAPOFSKI.

Oui.... Non,... c'est-à-dire... je voudrais présenter mes enfants à Natalie.

LE GÉNÉRAL.

Vous avez raison; allez, allez. Moi je vais avec Dérigny à mes affaires. »

Mme Papofski sortit, courut chez elle, regarda avec colère le maigre ameublement de sa chambre, et, se laissant aller à sa rage jalouse, elle tomba sur son lit en sanglotant.

« L'héritage! pensait-elle. Six cent mille roubles de revenu! Une terre superbe! Il ne me les laissera pas! Il va tout donner à cette odieuse Natalie, qui fait la désolée et la pauvre pour l'apitoyer. Et sa sotte fille! qui saute comme si elle avait dix ans! qui se jette sur lui, qui l'embrasse! Et lui, gros imbécile, qui croit qu'on l'adore, qui trouve ces gambades charmantes.... Il tutoie ma sœur, et moi il m'appelle Maria Pétrovna! Il les embrasse tous, et nous il nous repousse! Il fait arranger un appartement comme pour des princes! eux qui sont dans la misère, qui mangent du pain noir et du lait caillé, qui couchent sur des planches, qui ont à peine des habits de rechange! Et moi, qui suis riche, qui suis habituée à l'élégance, il me traite comme ces vilains Dérigny que je déteste. J'ai bien su par mes femmes que c'étaient les meubles et les lits des Dérigny qu'on m'avait donnés.

Ces réflexions et mille autres l'occupèrent si longtemps, qu'on vint lui annoncer le dîner avant qu'elle eût séché ses larmes; elle s'élança de son lit, passa en toute hâte de l'eau fraîche sur ses yeux bouffis, lissa ses cheveux, arrangea ses vêtements et alla au salon, où elle trouva le général

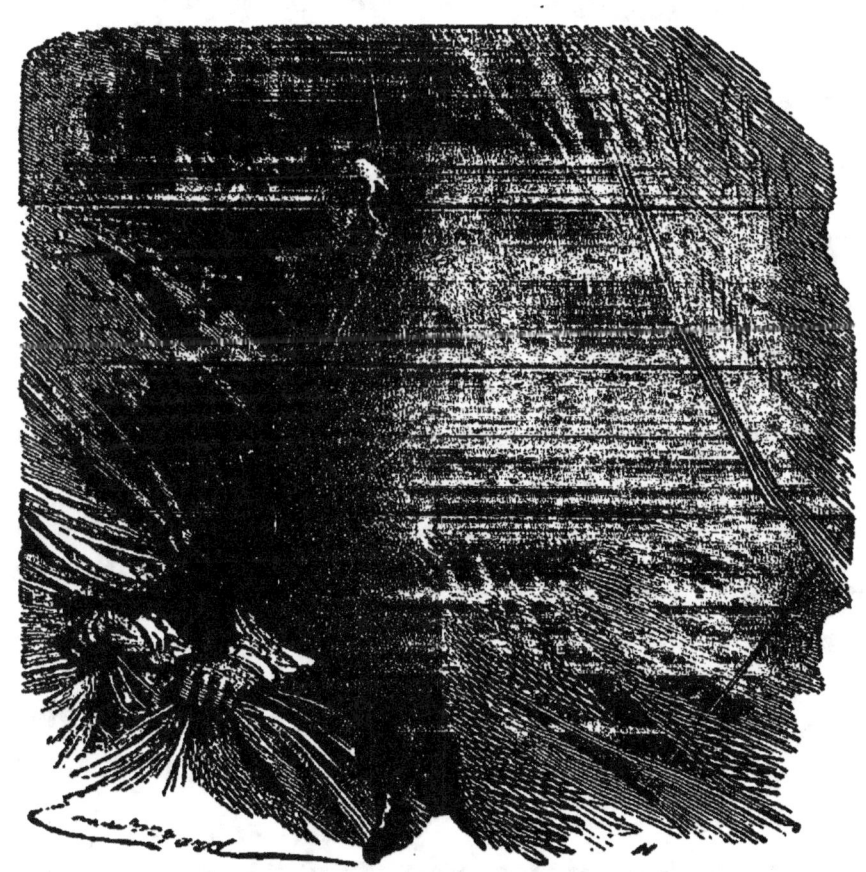

Elle tomba sur son lit en sanglotant.

avec Mme Dabrovine et ses enfants, qui jouaient avec leurs cousins et cousines.

« Nous vous attendons, Maria Pétrovna, dit le général en s'avançant vers elle et lui offrant son bras. Natalie, je donne le bras à ta sœur, quoique tu sois nouvellement arrivée, parce qu'elle est la plus vieille; elle a bien dix ou douze ans de plus que toi.

MADAME DABROVINE, *embarrassée.*

Oh non! mon oncle, pas à beaucoup près.

MADAME PAPOFSKI, *piquée.*

Ma sœur, laissez dire mon oncle. Ça l'amuse de me vieillir et de vous rajeunir.

LE GÉNÉRAL, *enchanté.*

Mettez que je me sois trompé de deux ou trois ans, ma nièce; Natalie a trente-deux ans, vous en avez bien quarante-deux.

MADAME PAPOFSKI.

Cinquante, mon oncle, soixante, si vous voulez.

LE GÉNÉRAL, *avec malice.*

Hé! hé! nous y arriverons, ma nièce; nous y arriverons. Voyons, vous êtes née en mil huit cent seize....

MADAME PAPOFSKI

Ah! mon oncle, à quoi sert de compter, puisque je veux bien vous accorder que j'ai soixante ans?

LE GÉNÉRAL.

Du tout, du tout les bons comptes font les bons amis, et....

MADAME DABROVINE.

Mon cher oncle, nous voici dans la salle à manger; je dois avouer que j'ai si faim....

LE GÉNÉRAL.

Et moi j'ai faim et soif de la vérité; alors je dis de mil huit cent....

MADAME DABROVINE.

La vérité, la voici, mon oncle ; c'est que vous êtes un peu taquin comme vous l'étiez jadis, et que vous vous amusez à tourmenter la pauvre Maria, qui ne vous a rien fait pourtant. Regardez Natasha, comme elle vous regarde avec surprise. »

Le général se retourna vivement, quitta le bras de Mme Papofski et fit asseoir tout le monde.

« Est-ce vrai que tu t'étonnes de ma méchanceté, Natasha? Tu me trouves donc bien mauvais?

NATASHA.

Mon oncle.... »
Natasha rougit et se tut.

LE GÉNÉRAL, *souriant*.

Parle, mon enfant, parle sans crainte.... Puisque je viens de dire que j'ai faim et soif de la vérité.

NATASHA.

Mon oncle, il me semble que vous n'êtes pas bon pour ma tante, et c'est ce qui cause mon étonnement ; je vous ai connu si bon, et maman disait de même chaque fois qu'elle parlait de vous.

LE GÉNÉRAL.

Et à présent, que dis-tu, que penses-tu?

NATASHA.

Je pense et je dis que je vous aime, et que je voudrais que tout le monde vous aimât.

LE GÉNÉRAL.

Nous reparlerons de cela plus tard, ma petite Natasha; en attendant que je me corrige de mon humeur taquine, dînons gaiement; je te promets de ne plus faire enrager ta tante.

NATASHA.

Merci, mon oncle. Vous me pardonnez, n'est-ce pas, d'avoir parlé franchement?

LE GÉNÉRAL, *riant*.

Non seulement je te pardonne, mais je te remercie; et je te nomme mon conseiller privé. »

Le général, de plus en plus enchanté de ses nouveaux convives, fut d'une humeur charmante; il réussit à égayer sa nièce Dabrovine, qui sourit plus d'une fois de ses saillies originales. Dans la soirée, les enfants allèrent jouer dans une grande galerie attenant au salon. Natasha allait et venait, animait les jeux qu'elle dirigeait, faisait sourire sa mère et rire son oncle par sa joie franche et naïve.

Plusieurs jours se passèrent ainsi; le général s'attachait de plus en plus à sa nièce Dabrovine et détestait de plus en plus les Papofski. Un soir Natasha accourut dans le salon.

« Mon oncle, dit-elle, permettez-vous que j'aille chercher Jacques et Paul pour jouer avec nous? ils doivent avoir fini de dîner.

LE GÉNÉRAL.

Va, mon enfant; fais ce que tu voudras. »

Natasha embrassa son oncle et partit en courant; elle ne tarda pas à revenir suivie de Jacques et de Paul. Jacques s'approcha du général.

« Vous permettez, général, que nous jouions avec vos neveux et vos nièces? Mlle Natalie nous a dit que vous vouliez bien nous laisser venir au salon.

LE GÉNÉRAL.

Certainement, mon bonhomme ; Natasha est mon chargé d'affaires ; fais tout ce qu'elle te dira. »

Jacques ne se le fit pas répéter deux fois et entraîna Paul à la suite de Natasha. On les entendait du salon rire et jouer ; le général rayonnait ; Mme Dabrovine le regardait avec une satisfaction affectueuse ; Mme Papofski s'agitait, s'effrayait du tapage des enfants, qui devait faire mal à son *bon* oncle, disait-elle.

LE GÉNÉRAL, *avec impatience*.

Laissez donc, Maria Pétrovna ; j'ai entendu mieux que ça en Circassie et en Crimée ! Que diable ! je n'ai pas les oreilles assez délicates pour tomber en convulsions aux rires et aux cris de joie d'une troupe d'enfants.

MADAME PAPOFSKI.

Mais, mon cher oncle, on ne s'entend pas ici, vous ne pouvez pas causer.

LE GÉNÉRAL.

Eh bien, le grand malheur ! Est-ce que j'ai besoin de causer toute la soirée ? Je me figure que je suis père de famille ; je jouis du bonheur que je donne à mes petits-enfants et du calme de ma pauvre Natalie. »

Mme Papofski se mordit les lèvres, reprit sa tapisserie et ne dit plus mot pendant que le général causait avec Mme Dabrovine ; elle lui donnait mille détails intéressants sur sa vie intime des dix dernières années, et sur ses enfants, dont elle faisait elle-même l'éducation.

La conversation fut interrompue par une dispute violente et des cris de fureur.

LE GÉNÉRAL.

Eh bien, qu'ont-ils donc là-bas?

MADAME DABROVINE.

Je vais voir, mon oncle; ne vous dérangez pas. »

Mme Dabrovine entra dans la galerie; elle trouva Alexandre qui se battait contre Mitineka et Yégor; Michel retenait fortement Sonushka; et Jacques, les yeux brillants, les poings fermés, se tenait en attitude de boxe devant Paul, qui essuyait des larmes qu'il ne pouvait retenir. Natasha cherchait vainement à séparer les combattants. Les autres criaient à qui mieux mieux.

L'entrée de Mme Dabrovine rétablit le calme comme par enchantement. Elle s'approcha d'Alexandre et lui dit sévèrement :

« N'êtes-vous pas honteux, Alexandre, de vous battre avec votre cousin? Et toi, Michel, que veut dire cette violence envers ta cousine? »

Les enfants commencèrent à parler tous à la fois; Natasha se taisait. Sa mère, ne comprenant rien aux explications des enfants, dit à Natasha de lui raconter ce qui s'était passé. Natasha rougit et continua à garder le silence.

« Pourquoi ne réponds-tu pas, Natasha?

— Maman, c'est qu'il faudrait accuser... quelqu'un, et je ne voudrais pas....

— Mais j'ai besoin de savoir la vérité, ma chère enfant, et je t'ordonne de me dire bien sincèrement ce qui s'est passé.

— Maman, puisque vous l'ordonnez, dit Natasha, voilà ce qui est arrivé : Alexandre et Michel ont voulu défendre le pauvre petit Paul que Mitineka, Sonushka et Yégor tourmentent depuis longtemps. Jacques et moi, nous avons fait ce que nous avons pu pour le protéger, mais ils se sont réunis tous contre nous et ils se sont mis à nous battre. Voyez comme Michel est griffé et comme Alexandre a les cheveux arrachés. Quant au bon petit Jacques, il n'a pas donné un seul coup, mais il en a reçu plusieurs.

— Venez au salon, Alexandre, Michel, avec Jacques et Paul, dit Mme Dabrovine, et laissez vos cousins et cousines se quereller entre eux. »

Le général avait entendu Natasha et sa nièce ; il ne dit rien, se leva, laissa entrer au salon Mme Dabrovine et sa suite, entra lui-même dans la galerie, tira vigoureusement les cheveux et les oreilles aux trois aînés, distribua quelques coups de pied à tous, rentra au salon et se remit dans son fauteuil.

Il appela Natasha.

« Dis-moi, mon enfant, qu'ont-ils fait à mon pauvre petit Paul.

NATASHA.

Mon oncle, nous jouions aux malades. Paul était un des malades ; Mitineka, Sonushka et Yégor, qui étaient les médecins, ont voulu le forcer à avaler une boulette de toiles d'araignées ; le pauvre petit s'est débattu. Jacques est accouru pour le défendre ; ils ont battu Jacques, qui ne leur a pas rendu un seul coup ; ils l'ont jeté par terre, et ils allaient s'emparer de nouveau de Paul malgré les prières de Jacques, quand Alexandre et Michel, indignés, sont venus au secours de Jacques et de Paul, et ont été obligés de se battre contre Mitineka, Sonushka et Yégor, qui n'ont pas voulu nous écouter quand nous leur avons dit que ce qu'ils faisaient était mal et méchant. Alors maman est entrée, et Paul a été délivré. »

Pendant que Natasha racontait avec animation la scène dont Mme Dabrovine avait vu la fin, le général donnait des signes croissants de colère. Il se leva brusquement, et, s'adressant à Mme Papofski, qui rentrait au salon :

« Madame, vos enfants sont abominablement élevés ! Vous en faites des tyrans, des sauvages, des hypocrites ! Je ne veux pas de ça chez moi, entendez-vous ? Vous et vos méchants enfants, vous troublez la paix de ma maison : vous changerez tous de manières et d'habitudes, ou bien nous nous séparerons. Vous êtes venue sans en être priée, je sais bien pourquoi, et, au lieu de faire vos affaires comme vous l'espériez, vous vous perdez de plus en plus dans mon esprit. »

Mme Papofski fut sur le point de se livrer à un accès de colère, mais elle put se contenir, et répondit à son oncle d'un ton larmoyant :

Le général tira vigoureusement les cheveux et les oreilles aux trois aînés. (Page 133.)

« Je suis désolée, mon oncle! désolée de cette scène! Je les fouetterai tous si vous me le permettez; fouettez-les vous-même si vous le préférez. Ils ne recommenceront pas, je vous le promets.... Ne

« Je ne veux pas de ça chez moi, entendez-vous? » (Page 134)

nous éloignez pas de votre présence, mon cher oncle; je ne supporterais pas ce malheur. »

Le général croisa les bras, la regarda fixement; son visage exprimait le mépris et la colère. Il ne dit qu'un mot : MISÉRABLE! et s'éloigna.

Le général prit le bras de Natalie, la main de Natasha, appela Alexandre, Michel, Jacques et Paul, et marcha à grands pas vers l'appartement de Mme Dabrovine. Il entra dans le joli salon où il passait une partie de ses journées, s'y promena quelques instants, s'arrêta, prit les mains de sa nièce, la contempla en silence et dit :

« C'est toi seule qui es et qui seras ma fille. Douce, bonne, tendre, honnête et sincère, tu as fait des enfants à ton image! L'autre n'aura rien, rien.

MADAME DABROVINE.

Oh! mon oncle, je vous en prie!

LE GÉNÉRAL, *lui serrant les mains.*

Tais-toi, tais-toi! Tu vas me rendre la colère qui a manqué m'étouffer. Laisse-moi oublier cette scène et la platitude révoltante de ta sœur; près de toi et de tes enfants, je me sens aimé, j'aime et je suis heureux; près de l'autre, je hais et je méprise. Jouez, mes enfants, ajouta-t-il en se tournant vers Jacques, Paul et ses neveux : je ne crains pas le bruit. Amusez-vous bien.

JACQUES.

Général, est-ce que nous pouvons jouer à cache-cache et courir dans le corridor?

LE GÉNÉRAL.

A cache-cache, à la guerre, à l'assaut, à tout ce que vous voudrez. Ma seule contrariété sera de ne pouvoir courir avec vous. Mais auparavant allez me chercher Dérigny. Natalie, je commence mon établissement du soir chez toi; me permets-tu de fumer?

MADAME DABROVINE.

Avez-vous besoin de le demander, mon oncle? Vous avez donc oublié combien j'aimais l'odeur du tabac?

LE GÉNÉRAL.

Non, je me le rappelle; mais... je craignais....

MADAME DABROVINE.

De me faire penser à mon pauvre Dmitri, qui fumait toujours avec vous? Je ne l'oublie jamais, dans aucune circonstance, et j'aime tout ce qui me le rappelle! »

Le général ne répondit pas et rapprocha son fauteuil de celui de sa nièce, lui prit la main, la serra et resta pensif.

X

CAUSERIES INTIMES

Ses réflexions furent interrompues par le retour bruyant des enfants; ils arrivaient, traînant après eux Dérigny, qui partageait leur gaieté et qui faisait mine de vouloir s'échapper. Il reprit son sérieux en se présentant devant le général.

« Les enfants disent que vous me demandez, mon général.

— Oui, mon ami; apportez-moi ma boîte de cigares, ma pipe et nos livres de comptes et d'affaires; à l'avenir nous travaillerons ici le soir, puisque ma nièce veut bien le permettre et qu'elle trouve que je ne la dérange pas en m'établissant chez elle.

— Merci, mon oncle; que vous êtes bon! s'écria Natasha en se jetant à son cou. Voyez, voyez, comme le visage de maman est changé! elle a l'air presque heureux! »

Mme Dabrovine sourit, embrassa sa fille et baisa la main de son oncle, qui se frotta les mains avec une vivacité qu'elle ne lui avait pas encore vue.

Dérigny paraissait aussi content que le général; il s'empressa de faire sa commission, et compléta l'établissement en lui apportant la petite table chargée de papiers et de livres sur laquelle il avait l'habitude de travailler et d'écrire.

LE GÉNÉRAL.

Bravo! mon ami. Vous avez de l'esprit comme un Français! Je n'avais pas voulu vous parler de la table, pour ne pas trop vous charger. Je suis enchanté de l'avoir. Je commence à m'arranger chez toi comme chez moi, ma fille. Dérigny ne te gênera-t-il pas? J'ai souvent besoin de lui pour mon travail.

MADAME DABROVINE.

Ceux que vous aimez et qui vous aiment, mon oncle, ne peuvent jamais me gêner; c'est au contraire un plaisir pour moi de voir M. Dérigny vous soigner, vous aider dans vos travaux. En le voyant faire, j'apprendrai aussi à vous être utile.

NATASHA.

Et moi donc? N'est-ce pas, monsieur Dérigny, que vous me direz ce que mon oncle aime, ce qu'il n'aime pas, et ce que je puis faire pour lui être agréable?

DÉRIGNY.

Mademoiselle, Monsieur votre oncle aime ce qui est bon et franc; il n'aime pas ce qui est méchant et hypocrite; et, puisque vous m'autorisez à vous donner un conseil, Mademoiselle, soyez toujours ce que vous êtes aujourd'hui et ce que votre physionomie exprime si bien.

LE GÉNÉRAL.

Bien dit, mon ami; j'ajoute : Sois le contraire de ta tante, et tu seras la doublure de ta mère.

Ses réflexions furent interrompues par le retour bruyant des enfants. (Page 141.)

A présent, Dérigny, allumez-moi ma pipe, rendez-moi compte des travaux et des dépenses de la semaine, et puis j'irai me coucher, car il commence à se faire tard.

Quand le général eut terminé son travail, Dérigny lui présenta un papier en le priant de le lire.

LE GÉNÉRAL, *après l'avoir lu.*

Qu'est-ce? Qui a écrit ça?

DÉRIGNY.

Mme Papofski, mon général.

LE GÉNÉRAL.

Et pourquoi me le montrez-vous?

DÉRIGNY.

Parce que Mme Papofski veut que tout soit acheté à votre compte, mon général, et je n'ai pas cru devoir le faire sans vous consulter.

LE GÉNÉRAL.

Et vous avez bien fait, mon cher.

« C'est parbleu trop impudent aussi. Figure-toi, Natalie, que ta sœur veut faire habiller son cocher, son forreiter (postillon), son courrier, ses laquais, ses femmes (six je crois), en m'obligeant à tout payer. Bien mieux, elle ordonne qu'on change les douze mauvais chevaux qu'elle a amenés, contre les plus beaux chevaux de mes écuries. Je dis que c'est par trop fort! Ses commissions ne vous donneront pas beaucoup de peine, Dérigny; voici le respect qui leur est dû. »

Le général déchira en mille morceaux la feuille écrite par Mme Papofski, se leva en riant et en se frottant les mains, embrassa sa nièce, sa petite-nièce, ses petits-neveux, et quitta le salon avec Dérigny pour aller se coucher.

Les enfants, qui avaient fait une veillée extraordinaire et qui s'étaient amusés, éreintés, ne furent pas fâchés d'en faire autant; il était neuf heures et demie. Mme Dabrovine et Natasha ramassèrent les livres, les cahiers épars, et les rangèrent dans les armoires destinées à cet usage, pendant que la femme de chambre et bonne tout à la fois préparait le coucher des garçons et rangeait les habits pour le lendemain.

NATASHA, *avec gaieté*.

Mme Dérigny a cru que nous apportions tout ce

« Je dis que c'est par trop fort! »

que nous possédons, maman; voyez que d'armoires nous avons; une seule suffit pour contenir tous nos effets, et il reste encore bien de la place.

MADAME DABROVINE.

Elle nous croit plus riches que nous ne sommes, ma chère enfant.

NATASHA.

Maman, comme mon oncle est bon pour nous!

MADAME DABROVINE.

Oui, bien bon! il l'a toujours été pour moi et pour ton pauvre père; nous l'aimions bien aussi.

NATASHA.

Maman,... pourquoi n'est-il pas bon pour ma tante?

MADAME DABROVINE.

Je ne sais pas, chère petite; peut-être a-t-il eu à s'en plaindre. Tu sais que ta tante n'est pas toujours aimable.

NATASHA.

Elle n'est jamais aimable, maman, du moins pour nous. Pourquoi donc ne vous aime-t-elle pas, vous qui êtes si bonne?

MADAME DABROVINE.

Je l'ai peut-être offensée sans le vouloir. Elle n'a probablement pas tous les torts.

NATASHA.

Mais vous, maman, vous n'en avez certainement aucun. Je le sais. J'en suis sûre.

MADAME DABROVINE.

Tu parles comme on parle à ton âge, ma chère petite, sans beaucoup réfléchir. Comment pouvons-nous savoir si on n'a pas fait à ta tante quelque faux rapport sur nos sentiments et notre langage à son égard.

NATASHA.

Si on lui en a fait, elle ne devait pas y croire, vous connaissant si bonne, si franche, si serviable, si pleine de cœur.

— C'est parce que tu m'aimes beaucoup que tu me juges ainsi, ma bonne fille », dit Mme Dabrovine en embrassant Natasha et en la serrant contre son cœur.

Elle souriait en l'embrassant; Natasha, heureuse de ce sourire presque gai, étouffa sa mère de baisers; puis elle dit :

« C'est mon oncle qui vous a fait sourire le premier et bien des fois depuis notre arrivée; bon cher oncle, que je l'aime! que je l'aime! Comme nous allons être heureux avec lui, toujours avec lui! Nous l'aimons, il nous aime, nous ne le quitterons jamais.

MADAME DABROVINE.

La mort sépare les plus tendres affections, mon enfant.

NATASHA.

Oh, maman!

MADAME DABROVINE.

Ma pauvre fille! je t'attriste; j'ai tort. Mais voilà nos affaires rangées; allons nous coucher. »

La mère et la fille s'embrassèrent encore une fois, firent leur prière ensemble et s'étendirent dans leur lit; Natasha était si contente du sien et de tout leur établissement, dont elle ne pouvait se lasser, qu'elle ne put s'empêcher de se relever, d'aller embrasser sa mère, et de lui dire avec vivacité :

« Comme nous sommes heureuses ici, maman. Ma chambre est si jolie ! J'y suis comme une reine.

— J'en suis bien contente, mon enfant ; mais prends garde de t'enrhumer. Couche-toi bien vite. »

Pendant que Mme Dabrovine et sa fille préparaient leur coucher et causaient des événements de la journée, le général causait de son côté avec Dérigny, qui devenait de plus en plus son confident intime.

« Voilà une perle, une vraie perle ! s'écria-t-il. Je la retrouve comme je l'avais quittée, cette pauvre Natalie, moins le bonheur. Nous tâcherons d'arranger ça, Dérigny. J'ai mon plan. D'abord je lui laisse toute ma fortune, à l'exception d'un million, que je donne à Natasha en la mariant.... Pourquoi souriez-vous, Dérigny ? Croyez-vous que je n'aie pas un million à lui donner ?... ou bien que je changerai d'idée comme pour Torchonnet[1] ?... Est-ce que ma nièce n'est pas comme ma petite-fille ?

DÉRIGNY.

Mon général, je souris parce que j'aime à vous voir content, parce que j'entrevois pour vous une vie nouvelle d'affection et de bonheur, et parce que

---

1. Voir *l'Auberge de l'Ange gardien.*

je vois une bonne œuvre à faire tout en travaillant pour vous-même.

LE GÉNÉRAL.
Comment cela? Quelle bonne œuvre?

Le général causait de son côté avec Dérigny.

DÉRIGNY.
Mon général, j'ai su, par le cocher et la femme de chambre de Mme Dabrovine, qu'elle était la meilleure des maîtresses, qu'elle et ses enfants étaient adorés par leurs paysans et leurs voisins;

mais Mme Dabrovine est presque pauvre; son mari a dépensé beaucoup d'argent pour sa campagne de Crimée; elle a tout payé, et elle est restée avec treize cents roubles de revenu[1]; c'est elle-même qui élève sa fille et ses fils; mais les garçons grandissent, ils ont besoin d'en savoir plus que ce que peut leur enseigner une femme, quelque instruite qu'elle soit. Et alors....

LE GÉNÉRAL.

Alors quoi? Voulez-vous être leur gouverneur Je ne demande pas mieux.

DÉRIGNY, *riant.*

Moi, mon général? Mais je ne sais rien de ce que doit savoir un jeune homme de grande famille!... Non, ce n'est pas ce que je veux dire. Je voudrais que vous eussiez la pensée de les garder tous chez vous, de payer un gouverneur et toute leur dépense: vous auriez la famille qui vous manque, et eux trouveraient le père et le protecteur qu'ils n'ont plus.

LE GÉNÉRAL.

Bien pensé, bien dit! C'est fait. Trouvez-moi un gouverneur, et le plus tôt possib e.

DÉRIGNY, *stupéfait.*

Moi, mon général? comment puis-je...?

LE GÉNÉRAL.

Vous pouvez, mon ami, vous pouvez ce que vous voulez. Cherchez, cherchez. Adieu, bonsoir; je me couche et je m'endors content. »

---

1. Six mille francs.

Dérigny rentra chez lui; les enfants dormaient, sa femme l'attendait.

« Une jolie commission dont je suis chargé par le général! dit Dérigny en riant. Il faut que je me mette en campagne dès demain pour trouver un gouverneur aux jeunes Dabrovine.

MADAME DÉRIGNY.

Et où trouveras-tu le gouverneur? Comme c'est facile dans le centre de la Russie! Tu ne connais personne. Ce n'est pas Vassili qui te fournira des renseignements. Vraiment, notre bon général est par trop bizarre. Comment feras-tu?

DÉRIGNY.

Je ne ferai rien du tout. J'espère qu'il n'y pensera plus. Mais je regrette de ne pas pouvoir rendre service à Mme Dabrovine, qui me semble être une excellente personne et ne ressemblant en rien à sa sœur.

MADAME DÉRIGNY.

De même que ses enfants ne ressemblent en rien à leurs cousins, Mlle Natasha est une personne charmante, pleine de cœur et de naïveté, et les garçons paraissent bons et bien élevés. »

Mme Dérigny et son mari causèrent quelque temps, et ils allèrent se coucher après avoir parlé de leur chère France et de ce qu'ils y avaient laissé.

XI

LE GOUVERNEUR TROUVÉ

Quelques jours se passèrent sans nouveaux événements. Mme Papofski contenait les élans de sa colère quand elle était en présence de son oncle, qu'elle continuait à flatter sans succès; elle évitait sa sœur; ses enfants fuyaient leurs cousins, qui faisaient bande à part avec Jacques et Paul. Mme Papofski ne négligeait aucun moyen pour se faire bien venir de Dérigny; elle sut par lui que le général avait déchiré sa liste de commandes.

MADAME PAPOFSKI.

Vous l'avez fait voir à mon oncle?

DÉRIGNY.

Comme c'était mon devoir de le faire, Madame. Je ne puis me permettre aucune dépense qui ne soit autorisée par mon maître.

MADAME PAPOFSKI.

Mais il ne l'aurait pas su; mon oncle dépense sans savoir pourquoi ni comment. Vous auriez pu compter des chevaux morts ou une voiture cassée.

DÉRIGNY.

Ce serait me rendre indigne de la confiance que le général veut bien me témoigner, Madame; veuillez croire que je suis incapable d'une pareille supercherie.

MADAME PAPOFSKI.

Je le crois et je le vois, brave, honnête monsieur Dérigny. Ce que j'ai fait et ce que j'ai dit était pour savoir si vous étiez réellement digne de l'attachement de mon oncle. Je ne m'étonne pas de l'empire que vous avez sur lui, et je me recommande à votre amitié, moi et mes pauvres enfants, mon cher monsieur Dérigny. Si vous saviez quelle estime, quelle amitié j'ai pour vous! Je suis si seule dans le monde! Je suis si inquiète de l'avenir de mes enfants! Nous sommes si pauvres!

Dérigny ne répondit pas; un sourire ironique se faisait voir malgré lui; il salua et se retira.

Mme Papofski le regarda s'éloigner avec colère.

« Coquin! dit-elle à mi-voix en le menaçant du doigt. Tu fais l'homme honnête parce que tu vois que je ne suis pas en faveur! Tu fais la cour à ma sœur parce que tu vois la sotte tendresse de mon oncle pour cette femme hypocrite et pour sa mijaurée de Natasha, qui cherche à capter mon oncle pour avoir ses millions.... On veut me chasser :

je ne m'en irai pas; je les surveillerai; j'inventerai quelque conspiration; je les dénoncerai à la police comme conspirateurs, révolutionnaires polonais,... catholiques.... Je trouverai bien quelque chose de louche dans leurs allures. Je les ferai tous arrêter, emprisonner, knouter.... Mais il me faut du temps,... un an peut-être.... Oui, encore un an, et tout sera changé ici! Encore un an, et je serai la maîtresse de Gromiline! et je les mènerai tous au bâton et au fouet! »

Mme Papofski s'était animée; elle ne s'était pas aperçue que dans son exaltation elle avait parlé tout haut. Sa porte, à laquelle elle tournait le dos, était restée ouverte; Jacques s'y était arrêté un instant, croyant que son père était encore chez Mme Papofski, et que c'était à lui qu'elle parlait.

Lorsqu'elle se tut, Jacques, surpris et effrayé de ce qu'il venait d'entendre, avança vers la porte, jeta un coup d'œil dans la chambre, et vit que Mme Papofski était seule. Sa frayeur redoubla, il se retira sans bruit, et, le cœur palpitant, il alla trouver son père et sa mère.

JACQUES.

Papa, maman, il faut vite dire au pauvre général que Mme Papofski lui prendra tout, le fera enfermer, knouter, et nous aussi. Il faut nous sauver avec le général et retourner avec tante Elfy.

DÉRIGNY.

Tu perds la tête, mon Jacquot! Qu'est-ce qui te donnes des craintes si peu fondées? Comment

Mme Papofski avec toute sa méchanceté, peut-elle faire du mal au général, et même à nous, qui sommes sous sa protection à lui?

JACQUES.

J'en suis sûr, papa, j'en suis sûr; voici ce que j'ai entendu : « On veut me chasser : je ne m'en irai pas. »

Et Jacques continua jusqu'au bout à redire à son père et à sa mère les paroles menaçantes de Mme Papofski.

Dérigny et sa femme n'eurent plus envie de rire des terreurs de Jacques, qu'ils partagèrent. Mais Dérigny, toujours attentif à épargner à sa femme et à ses enfants toute peine, toute inquiétude, dissimula sa préoccupation et les rassura pleinement.

« Soyez bien tranquilles, leur dit-il : je préviendrai le général, et, avec l'aide de Dieu, nous déjouerons ses plans et nous sauverons ce bon général en nous sauvant nous-mêmes. Ne parle à personne de ce que tu as entendu, mon enfant; si Mme Papofski savait qu'elle a parlé tout haut et que tu étais là, elle hâterait sa vengeance, et nous n'aurions pas le temps de la défense.

JACQUES.

Je n'en dirai pas un mot, papa; mais où est Paul?

DÉRIGNY.

Il joue dehors depuis le déjeuner.

JACQUES.

Je vais aller le rejoindre, papa. Quand il est seul, j'ai toujours peur qu'il ne soit pris par ces méchants petits Papofski. Devant le général ils nous témoignent de l'amitié, mais, quand ils nous trouvent seuls, il n'y a pas de sorte de méchancetés qu'ils ne cherchent à nous faire. »

Jacques alla dans la cour ; Paul n'y était plus. Il continua ses recherches avec quelque inquiétude, et aperçut enfin son frère au bord d'un petit bois, immobile et parlant à quelqu'un que Jacques ne voyait pas. Il courut à lui, l'appela ; Paul se retourna et lui fit signe d'approcher. Jacques, en allant le rejoindre, lui entendit dire : « N'ayez pas peur, c'est Jacques, il est bien bon, il ne dira rien. »

JACQUES.

A qui parles-tu, Paul ?

PAUL.

A un pauvre homme si pâle, si faible, qu'il ne peut plus marcher. »

Jacques jeta un coup d'œil dans le bois, et vit en effet, à travers les branches, un homme demi-couché et qui semblait près d'expirer.

JACQUES.

Qui êtes-vous, mon pauvre homme ? Pourquoi restez-vous là ? Par où êtes-vous entré ?

L'ÉTRANGER.

Par les bois, où je me suis perdu. Je meurs de faim et de froid ; je n'ai rien pris depuis avant-hier soir.

JACQUES.

Pauvre malheureux ! Je vais vite aller chercher quelque chose à manger et prévenir papa.

L'ÉTRANGER.

Non, non; ne dites pas que je suis ici. Ne dites rien. Je suis perdu si vous me dénoncez.

JACQUES.

Papa ne vous dénoncera pas. N'ayez pas peur. Attendez-nous. Viens vite, Paul, apportons à manger à ce pauvre homme. »

Avant que l'étranger eût eu le temps de renouveler sa prière, les deux frères étaient disparus en courant. Le malheureux se laissa tomber; il fit un geste de désespoir.

« Perdu! perdu! dit-il. On va venir, et je n'ai plus de forces pour me relever. Mon Dieu! mon Dieu! ayez pitié de moi! Après m'avoir sauvé de tant de dangers, ne me laissez pas retomber dans les mains de mes cruels bourreaux. Mon Dieu, ma bonne sainte Vierge, protégez-moi! »

Il serra contre son cœur une petite croix de bois, la porta à ses lèvres, pria et attendit.

Quelques minutes à peine s'étaient écoulées, qu'il entendit marcher, parler, et qu'il vit les deux enfants, accompagnés d'un homme qui avançait à grands pas; les enfants couraient.

Dérigny, car c'était lui, approcha, et, avant de parler, il versa un verre de vin, qu'il fit avaler à l'infortuné, mourant de besoin; ensuite il lui fit boire une tasse de bouillon encore chaud, dans lequel il avait fait tremper une tranche de pain. L'inconnu mangeait avec avidité; ses regards exprimaient la reconnaissance et la joie.

Il serra contre son cœur une petite croix de bois

« Assez, mon pauvre homme, dit Dérigny en lui refusant le reste du pain que les enfants avaient apporté. Trop manger vous ferait mal après un si long jeûne. Dans une heure vous mangerez encore. Essayez de vous lever et de venir au château.

— Le château de qui? Chez qui êtes-vous? dit l'étranger d'une voix faible.

DÉRIGNY.

Chez M. le général comte Dourakine.

L'ÉTRANGER.

Dourakine! Dourakine! Comment! lui, Dourakine? Est-il encore le brave, l'excellent homme que j'ai connu?

DÉRIGNY.

Toujours le meilleur des hommes! Un peu vif parfois, mais bon à se faire aimer de tout le monde.

L'ÉTRANGER.

Prévenez-le.... Allez lui dire.... Mais non; je vais essayer de marcher. Je me sens mieux. »

L'étranger voulut se lever; il retomba aussitôt.

« Je ne peux pas, dit-il avec découragement.

DÉRIGNY.

Voulez-vous qu'on le prévienne? Il est chez lui.

L'ÉTRANGER.

Je crois que oui; ce sera mieux. Dites-lui de venir, pour l'amour de Dieu et de ROMANE. »

Dérigny, trop discret pour interroger l'étranger sur sa position bizarre, salua et s'éloigna, emmenant les enfants. Il les envoya raconter à leur mère ce qui venait d'arriver, en leur défendant d'en parler à tout autre, et alla faire son rapport au général.

LE GÉNÉRAL.

Que diantre voulez-vous que j'y fasse? S'il est perdu dans mes bois, tant pis pour lui; qu'il se retrouve.

DÉRIGNY.

Mais, mon général, il est demi-mort de froid et de fatigue.

LE GÉNÉRAL.

Eh bien, qu'on lui donne des habits, qu'on le chauffe, qu'on le nourrisse. Tenez, voilà! prenez; il ne manque pas de manteaux, de fourrures. Qu'on le couche, s'il le faut. Je ne vais pas laisser mourir de faim, de froid et de fatigue, et à ma porte encore, un homme qui me demande la charité. Qui est-il? Est-ce un paysan, un marchand?

DÉRIGNY.

Je ne sais pas, mon général; seulement j'ai oublié de vous dire qu'il avait dit : « Dites-lui de venir pour l'amour de Dieu et de ROMANE ».

LE GÉNÉRAL, *sautant de dessus son fauteuil.*

Romane! Romane! Pas possible! Il a dit Romane? En êtes-vous bien sûr?

DÉRIGNY.

Bien sûr, mon général.

LE GÉNÉRAL.

Mon pauvre Romane! Je ne comprends pas....

Mourant de faim et de fatigue? Lui, prince, riche à millions et que je croyais mort! »

Le général courut plutôt qu'il ne marcha vers la porte, dit à Dérigny de le guider, et marcha de toute la vitesse de ses grosses jambes vers le bois où gisait Romane.

Dès qu'il l'aperçut, il alla à lui, le souleva, l'embrassa, le soutint dans ses bras, et le regarda avec une profonde pitié mélangée de surprise.

« Mon pauvre ami, quel changement! quelle maigreur! Qu'est-il arrivé? »

Romane ne répondit pas et désigna du regard Dérigny, dont il ignorait la discrétion et la fidélité. Le général comprit et dit tout haut :

« Parlez sans crainte, mon pauvre garçon. Dérigny a toute ma confiance; il est discret comme la tombe, il nous viendra en aide s'il le faut, car il est de bon conseil.

L'ÉTRANGER.

Eh bien, mon cher et respectable ami, j'arrive de Sibérie, où je travaillais comme forçat, et d'où je me suis échappé presque miraculeusement. »

Le général fut sur le point, dans sa surprise, de laisser retomber Romane et de tomber lui-même.

« Toi, en Sibérie! Toi, forçat! C'est impossible! Viens te reposer chez moi; tu retrouveras tes idées égarées par la fatigue et la faim.

ROMANE.

Si l'on me voit entrer chez vous, la curiosité de

vos gens sera excitée, mon respectable ami : je serai dénoncé, arrêté et ramené dans cet enfer. »

Le général vit bien au ton calme, au regard triste et intelligent de Romane, qu'il était dans son bon sens. Il réfléchit un instant et se tourna vers Dérigny.

« Comment faire, mon ami? »

Dérigny avait tout compris; son plan fut vite conçu.

« Mon général, voici ce qu'on pourrait faire. Je vais laisser mon manteau à monsieur, pour le préserver du froid, et je vais apporter quelque chose de chaud à prendre et de la chaussure, dont il a grand besoin. Et vous, mon général, vous vous en retournerez chez vous comme revenant de la promenade. Vous donnerez des ordres pour qu'on m'attelle un cheval à la petite voiture, vous voudrez bien ajouter que je vais à Smolensk chercher un gouverneur que vous faites venir pour vos neveux. Je partirai; au lieu d'aller à la ville, je ferai quelques lieues sur la route pour fatiguer le cheval, afin que les gens d'écurie ne se doutent de rien. Je reviendrai par le chemin qui borde les bois, et je prendrai Monsieur pour le ramener au château. »

Les yeux du général brillèrent; il serra la main de Dérigny.

« De l'esprit comme un ange! Tu vois, mon pauvre Romane, que nous avons bien fait de le mettre dans la confidence. Prends le manteau de Dérigny, je lui donnerai un des miens.

Dès qu'il l'aperçut, il alla à lui, le souleva, l'embrassa. (Page 163.)

ROMANE.

Mais, mon cher comte, mes vêtements grossiers, usés et déchirés me donnent l'aspect de ce que je suis, un échappé de Sibérie.

LE GÉNÉRAL.

Dérigny te donnera de quoi te vêtir, mon ami; ne t'inquiète de rien; il pourvoira à tout. »

Dérigny se dépouilla de son manteau et en revêtit Romane, qui lui exprima sa reconnaissance en termes énergiques mais mesurés. Le général s'éloigna pour aller aux écuries commander la voiture qui devait lui ramener son malheureux ami; Dérigny l'accompagna. Ils convinrent que Romane, qui parlait parfaitement l'anglais, et qui, en qualité de Polonais, avait du type blond écossais, passerait pour un gouverneur anglais que le général faisait venir pour ses neveux; Dérigny fut chargé de le prévenir de son origine et de son nom, *master Jackson*. Dérigny alla demander à la cuisine quelque chose de chaud avant de partir pour aller à la ville chercher le gouverneur anglais. On s'empressa de lui servir une assiette de soupe aux choux, bouillante, avec un bon morceau de viande; Dérigny l'emporta, compléta le repas avec une bouteille de vin, sortit par une porte de derrière, et courut rejoindre Romane, qu'il laissa manger avec délices ce repas improvisé. Avant de monter en voiture, il alla prendre les derniers ordres du général, reçut de lui un superbe manteau, et partit pour sa mission charitable, après en avoir prévenu sa femme, qui avait déjà été informée par Jacques de l'événement.

Le général revint chez sa nièce et s'établit chez elle.

LE GÉNÉRAL.

Tu vas avoir quelqu'un pour t'aider à instruire tes garçons, ma chère enfant.

MADAME DABROVINE.

Mais non, mon oncle; Natasha et moi, nous leur donnons leurs leçons; nous n'avons besoin de personne.

LE GÉNÉRAL, *souriant*.

Vous leur donnez des leçons de latin, de grec?

MADAME DABROVINE, *hésitant*.

Non, mon oncle, nous ne savons que le russe et le français.

LE GÉNÉRAL.

Il faut pourtant que les garçons sachent le latin et le grec.

NATASHA, *riant*.

Mais vous, mon oncle, vous ne savez pas le latin ni le grec?

LE GÉNÉRAL.

C'est pourquoi je suis et serai un âne.

NATASHA.

Oh! mon oncle! c'est mal ce que vous dites. Est-ce que l'empereur aurait nommé général un âne? est-ce qu'il vous aurait donné une armée à commander?

LE GÉNÉRAL, *souriant*.

Tu ne sais ce que tu dis; un âne à deux pieds

peut devenir général et rester âne. Et je dis que le gouverneur va arriver, et qu'il faut un gouverneur à tes frères.

MADAME DABROVINE.

Mais, mon oncle, mon bon oncle, je n'ai..., je ne peux pas.... Un gouverneur se paye très cher,... et... je ne sais pas....

LE GÉNÉRAL.

Tu ne sais pas où tu prendras l'argent pour le payer? C'est ça, n'est-il pas vrai? Dans ma poche, parbleu! Que veux-tu que je fasse de mon argent? Tiens, Natasha, prends ce portefeuille; donne-le à ta mère; et, quand il sera vide, tu me le rapporteras, que je le remplisse.

MADAME DABROVINE.

Non, mon oncle, vous êtes trop bon; je ne veux pas abuser de votre générosité. Natasha, n'écoute pas ton oncle, ne prends pas son portefeuille.

LE GÉNÉRAL.

Ah! vous prêchez la désobéissance à votre fille! Vous me traitez comme un vieil avare, comme un étranger! Vous prétendez avoir de l'amitié pour moi, et vous me chagrinez, vous m'humiliez; vous cherchez à me mettre en colère! Vous voulez me faire comprendre que je suis un égoïste, un homme sans cœur, qui ne s'embarrasse de personne, qui n'aime personne. Pauvre, moi! Toujours seul, toujours repoussé! Personne ne veut rien de moi. »

Le général se rassit et appuya tristement sa tête dans ses mains.

Natasha regarda sa mère d'un air de reproche, s'approcha de son oncle, se mit à genoux près de lui, lui prit les mains, les baisa à plusieurs reprises. Le général sentit une larme couler sur ses mains, il releva Natasha, la serra dans ses bras, et, sans parler, lui tendit son portefeuille; Natasha le prit, et, les yeux encore humides, elle le porta à sa mère.

« Prenez, maman; à quoi sert de cacher à mon oncle que nous sommes pauvres? Pourquoi refuser plus longtemps d'accepter ses bienfaits? Pourquoi blesser son cœur en refusant ce qu'il nous offre avec une tendresse si vraie, si paternelle? On peut tout accepter d'un père, et n'est-il pas pour nous un bon et tendre père? »

Mme Dabrovine prit le portefeuille des mains de sa fille, alla près de son oncle, l'embrassa tendrement.

« Merci, mon père, dit-elle avec attendrissement; merci du fond du cœur. Natasha a raison; j'avais tort. J'accepterai désormais tout ce que vous voudrez m'offrir. Je suis votre fille par la tendresse que je vous porte, et j'avoue sans rougir que, sans vous, je ne puis en effet élever convenablement mes enfants.

LE GÉNÉRAL.

....Qui sont à l'avenir les miens, comme toi tu es ma fille bien-aimée! »

Le général les prit toutes deux dans ses bras, les embrassa en les regardant avec tendresse.

Natasha se mit à genoux près de son oncle. (Page 170.)

« Ma chère petite Natasha, ta bonne action ne sera pas perdue. Repose-toi sur moi du soin de ton avenir. Natalie, tu trouveras dans ce portefeuille dix mille roubles. Ne te gêne pas pour acheter et donner ; je renouvellerai tes dix mille roubles quand ils seront épuisés. Je ne demande qu'une seule chose : c'est que tu m'appelles ton père quand nous serons seuls.

MADAME DABROVINE.

Je m'abandonne entièrement à vous, mon père ; je ferai comme vous le désirez. »

Le général resta chez sa nièce jusqu'au moment où Dérigny frappa à la porte.

« Mon général, dit-il en entrant, j'ai amené le gouverneur, M. Jackson, que vous m'avez commandé d'aller chercher ; il est dans votre cabinet, qui attend vos ordres. »

Le général sourit de la surprise de Mme Dabrovine et de Natasha, et sortit avec Dérigny.

NATASHA.

Quel bon et excellent père Dieu nous a donné, maman ! Comme il fait le bien avec grâce et amabilité !

MADAME DABROVINE.

Que Dieu le bénisse et lui rende le bonheur qu'il nous donne, mon enfant ! L'éducation de tes frères m'inquiétait beaucoup. Me voici tranquille sur leur avenir... et sur le tien, Natasha.

NATASHA.

Oh ! maman, le mien est bien simple ! C'est de

rester toujours avec vous et avec mon bon oncle. »

La mère sourit et ne répondit pas. Les garçons arrivèrent avec leurs devoirs terminés; Mme Dabrovine et sa fille s'occupèrent à les corriger jusqu'au dîner.

Quand l'heure du dîner arriva, Mme Dabrovine et Mme Papofski entrèrent au salon, suivies de leurs enfants; le général y était avec M. Jackson, qu'il présenta à ses nièces.

LE GÉNÉRAL, à *Mme Dabrovine.*

Ma nièce Natalie, j'ai engagé M. Jackson pour cinq ans, pour terminer l'éducation de mes petits enfants, que voici, monsieur, ajouta-t-il en lui présentant Alexandre et Michel. Consens-tu, Natalie, à lui confier tes fils? Je réponds de lui comme de moi-même.

— Tout ce que vous ferez, mon oncle, sera toujours bien fait », répondit Mme Dabrovine avec un sourire gracieux.

Et, prenant ses fils par la main, elle les remit à M. Jackson, qui salua la mère et embrassa ses élèves.

Mme Papofski examinait d'un air hautain le nouveau venu, auquel elle ne put trouver à redire, malgré l'humeur que lui donnait cette nouvelle preuve d'amitié de son oncle pour Mme Dabrovine. Lui trouvant l'air et des manières distinguées, elle résolut de le détacher du parti Dabrovine et l'attirer dans le sien, pour donner meilleur air à sa maison et se débarrasser de ses enfants. Elle attendait un

M. Jackson attendait les ordres du général. (Page 173.)

mot de son oncle pour les mettre tous, filles et garçons, aux mains de M. Jackson. Voyant que l'oncle ne disait plus rien, elle avança elle-même vers M. Jackson et lui présenta Mitineka, Sonushka, Yégor, Pavloùcha, Nicolaï, en disant :

« Voici aussi les miens que je vous confie, Monsieur ; les autres sont encore trop jeunes : vous les aurez plus tard. Je suis reconnaissante à mon oncle d'avoir pensé à l'éducation de ses petits-enfants, comme il dit. Merci, mon bon oncle.

— Il n'y a pas de quoi nous remercier, Maria Pétrovna, répondit le général revenu de sa surprise ; je n'ai pas du tout pensé aux vôtres, que vous élevez si bien et qui ont leur père pour achever votre œuvre ; je n'ai engagé M. Jackson que pour les deux fils de votre sœur, et il en aura bien assez, sans y ajouter cinq diables qui le feront enrager du matin au soir.

MADAME PAPOFSKI, *à M. Jackson.*

J'espère, Monsieur, que vous ferez pour moi, par complaisance, ce que mon oncle ne vous a pas imposé.

MONSIEUR JACKSON.

Je ferai tout ce qui sera en mon pouvoir pour vous contenter, Madame. »

L'accent un peu anglais du gouverneur n'était pas désagréable ; Mme Papofski lui fit un demi-salut presque gracieux, et regarda sa sœur d'un air de triomphe. Le général se grattait la tête ; il avait l'air embarrassé et mécontent.

« C'est impossible, dit-il enfin ; impossible ! Jackson ne peut pas avoir une bande de drôles indisciplinés à régenter. Je ne le veux pas ; je le défends ; entendez-vous, Jackson ; et vous, Maria Pétrovna, m'avez-vous entendu ? »

M. Jackson s'inclina ; Mme Papofski dit d'un air piqué qu'elle était habituée à se voir, ainsi que ses enfants, traitée en étrangère, et qu'elle se soumettait aux ordres de son oncle.

Le dîner fut calme ; le soir les enfants jouèrent dans la galerie comme à l'ordinaire ; Jacques et Paul y furent appelés. Natasha et M. Jackson durent plus d'une fois s'interposer entre les bons et les mauvais ; ces derniers étaient en nombre. M. Jackson examinait et jugeait ; il ne se mêlait pas aux jeux.

« Jouez donc avec nous, Monsieur, dit Natasha ; vous vous ennuierez tout seul sur cette chaise.

MONSIEUR JACKSON.

Je vous remercie de votre offre obligeante, Mademoiselle, j'en profiterai demain et les jours suivants ; aujourd'hui je me sens tellement fatigué de mon long voyage, que je demande la permission d'être simple spectateur de vos jeux. »

Quand les enfants se retirèrent, le général accompagna Mme Dabrovine dans son salon ; M. Jackson demanda la permission de prendre le repos dont il avait tant besoin, et Mme Papofski rentra dans son appartement.

Lorsque chacun fut installé à sa place accou-

« Voici aussi les miens que je vous confie. » (Page 177.)

tumée, et que Natasha eut tout rangé autour de sa mère et de son oncle, elle dit au général :

« Savez-vous, mon oncle, que le pauvre M. Jackson a été bien malheureux.

— Comment le sais-tu, est-ce qu'il te l'a dit? répondit le général avec quelque frayeur d'une indiscrétion de Romane.

NATASHA.

Oh non! mon oncle; il ne m'a rien dit : mais je le sais et j'en suis sûre, parce que je l'ai vu à son air triste, pensif, souffrant. Il y a longtemps qu'il souffre! Voyez comme il est pâle, comme il est maigre! Pauvre homme, il me fait peine.

LE GÉNÉRAL.

C'est parce qu'il a eu le mal de mer en venant d'Angleterre, mon enfant. Et puis, vois-tu, il a quitté sa famille, ses amis; il faut bien lui donner le temps de s'accoutumer à nous tous.

NATASHA.

Alors, mon oncle, je ferai tout ce que je pourrai pour qu'il soit heureux chez nous. Vous verrez comme je serai aimable pour lui. Pauvre homme! Tout seul, c'est bien triste!

— Bon petit cœur! » dit le général en souriant.

On causa quelque temps encore. Natasha appela Dérigny pour accompagner son oncle, et chacun se retira.

Quand le général fut seul avec Dérigny, il lui raconta que, quelques années auparavant, dans une campagne en Circassie, il avait eu pour aide de camp un jeune Polonais, le prince Pajarski, un des plus grands noms de la Pologne, et possédant une immense fortune; il s'y était beaucoup attaché; il lui avait rendu et en avait reçu de grands services.

« Je l'aimais comme mon fils, et il avait pour moi une affection toute filiale. »

Romane était retourné en congé en Pologne, et le général n'en avait pas entendu parler depuis. On lui avait seulement appris qu'il avait disparu un beau jour sans qu'on ait pu savoir ce qu'il était devenu.

« Il m'a dit avant dîner qu'on l'avait accusé de complots contre la Russie pour rétablir le royaume de Pologne; qu'il avait été enlevé, mené en Sibérie, et qu'après y avoir souffert horriblement il était parvenu à s'échapper, et qu'après mille dangers il avait eu le bonheur d'être trouvé par vos enfants, mon brave Dérigny.

DÉRIGNY.

Mon général, avant de vous demander ce que vous ferez du prince Pajarski, qui ne peut pas rester éternellement gouverneur de vos petits-neveux, quelque charmante et aimable que soit toute cette famille, je crois devoir vous faire part d'une découverte qu'a faite mon petit Jacques, et dont il a compris l'importance. »

Dérigny raconta au général ce qui s'était passé entre lui et Mme Papofski, et les menaces que Jacques lui avait entendu proférer.

Le général devint pourpre; ses yeux prirent l'aspect flamboyant qui leur était particulier dans ses grandes colères. Il fut quelque temps sans parler et dans une grande agitation.

« La misérable! s'écria-t-il enfin. La scélérate!... C'est qu'elle pourrait réussir! Une dénonciation est toujours bien accueillie dans ce pays, surtout quand il y a de la Pologne et du catholique sous jeu. Et nous voilà avec notre pauvre Romane! Si elle découvre quelque chose, nous sommes tous perdus! Que faire? Dérigny, mon ami, venez-moi en aide. Que feriez-vous pour sauver mes pauvres enfants Dabrovine, et vous et les vôtres, des serres de ce vautour?

DÉRIGNY.

Contre des maux pareils, mon général, je ne connais qu'un moyen, la fuite.

LE GÉNÉRAL.

Et comment fuir, six personnes ensemble? Et comment vivre, sans argent, en pays étranger?

DÉRIGNY.

Pourquoi, mon général, ne prépareriez-vous pas les voies en vendant quelque chose de votre immense fortune?

LE GÉNÉRAL.

Tiens, c'est une idée!... Bonne idée, ma foi!... Je puis vendre ma maison de Pétersbourg, celle de Moscou, puis mes terres en Crimée, celles de Kief, celles d'Orel; il y en a pour six à sept millions au moins.... Je vais écrire dès demain.

J'enverrai tout cela à Londres, et pas en France, pour ne pas donner de soupçons.... Mais Gromiline! elle l'aura, la scélérate! Diable! comment faire pour empêcher cela!... Et puis, comment partir tous sans qu'elle le sache?

DÉRIGNY.

Il faut qu'elle le sache, mon général.

LE GÉNÉRAL.

Vous êtes fou, mon cher. Si elle le sait, elle nous fera tous coffrer.

DÉRIGNY.

Non, mon général; il faut au contraire l'intéresser à notre départ à tous. Vous parlerez d'aller dans un climat plus doux et aux eaux d'Allemagne pour la santé de Mme Dabrovine, qui devra être dans le secret, et vous demanderiez à Mme Papofski de régir et de surveiller vos affaires à Gromiline pendant votre absence de quelques mois.

LE GÉNÉRAL.

Mais elle aurait Gromiline, et c'est ce que je ne veux pas!

DÉRIGNY.

Elle n'aurait rien du tout, mon général, parce que vous n'exécuterez ce projet que lorsque vous aurez vendu Gromiline et que vous serez convenu du jour de la prise de possession du nouveau propriétaire, qui arrivera quelques jours après votre départ.

— Bien, très bien, s'écria le général en se frottant les mains, les yeux brillants de joie. Bonne vengeance! J'irai mourir en France, comme j'en avais le désir; je vous ramène chez vous, mon cher ami; j'assure la fortune de ma fille, et je vous laisse tous heureux et contents.

DÉRIGNY, *riant*.

Et le pauvre prince que vous oubliez, mon général?

LE GÉNÉRAL.

Comment, je l'oublie? puisque je le marie! Mais pas encore, pas encore; dans un an ou deux.... Vous ne comprenez pas, mais je m'entends. »

Dérigny ne put retenir un sourire; le général rit aussi de bon cœur; il recommanda à Dérigny de venir l'éveiller de bonne heure le lendemain; il voulait avoir le temps d'écrire toutes ses lettres pour la vente de ses terres et maisons.

X

RUSE DU GÉNÉRAL

Les jours suivants se passèrent sans événements remarquables. Mme Dabrovine témoignait une grande estime et une grande confiance à M. Jackson, qui réunissait toutes les qualités que l'on cherche sans les trouver chez un précepteur. Indépendamment d'une instruction très étendue, il dessinait et peignait bien et avec facilité; il savait l'anglais, l'allemand et le français; quant au polonais, il s'en cachait soigneusement. Mme Dabrovine et le général étaient enchantés; Natasha était dans l'admiration et la témoignait en toute occasion. M. Jackson était fort content de ses élèves, parmi lesquels s'était imposée Natasha pour la musique, le dessin et les langues étrangères. Les leçons se donnaient dans le joli salon, à la demande du général, qui s'en amusait et s'y intéressait beaucoup. Jacques avait été invité, à sa grande joie, à prendre part à l'éducation soignée que recevaient les jeunes Dabrovine; le général avait raconté tous les détails de la vie de Jacques et de Paul, et on les aimait beaucoup dans la famille Dabrovine. Ce côté du château vivait donc heureux et tranquille; l'hiver s'avançait; le général vendait à l'insu de la Papofski ses terres et ses maisons, et faisait de bons placements en Angleterre; un jour, enfin, il reçut, d'un général aide de camp de l'empereur, une proposition pour Gromiline; il en offrait cinq millions payés comptant. Le général Dourakine accepta, à condition qu'il n'en dirait mot à personne, même après l'achat, jusqu'au 1ᵉʳ juin, et qu'il viendrait lui-même ce jour-là prendre possession du château et en chasser la famille Papofski qui y était installée. Les conditions furent acceptées; la vente fut terminée, l'argent payé et envoyé à Londres; Mme Papofski ne savait rien de toutes ces ventes; les Dérigny, Mme Dabrovine et Romane étaient seuls dans la confidence.

Le général, sollicité par Romane, avait révélé à Mme Dabrovine le vrai nom et la position du prince Pajarski; elle avait donné les mains avec joie au complot arrangé par son oncle et Dérigny pour quitter la Russie; elle se plaignait de sa santé devant sa sœur, regrettait de ne pouvoir aller aux eaux. A la fin de l'hiver, un jour le général lui proposa devant Mme Papofski de la mener aux eaux

Les leçons se donnaient dans le petit salon, à la demande du général. (Page 187.)

en Allemagne; elle fit quelques objections sur le dérangement, l'ennui que donnerait à son oncle un voyage avec tant de monde.

LE GÉNÉRAL

Tu peux ajouter à tous les tiens la famille Dérigny que j'emmènerai.

MADAME PAPOFSKI.

Comment, mon oncle, vous vous embarrasserez de tous ces gens-là?

Ce côté du château vivait donc heureux et tranquille. (P. 188.)

LE GÉNÉRAL.

Oui, Maria Pétrovna; comme je compte vous laisser à Gromiline pour faire mes affaires en mon absence, j'aime mieux vous débarrasser d'une famille que vous n'aimez pas; d'ailleurs ils veulent retourner en France, où ils ont des parents et du bien. »

Les yeux de Mme Papofski brillèrent et s'ouvrirent démesurément; elle ne pouvait croire à tant de bonheur.

MADAME PAPOFSKI.

Vous me laisseriez... ici,... chez vous... et maîtresse de tout diriger?

LE GÉNÉRAL.

Tout! Vous ferez ce que vous voudrez; vous dépenserez ce que vous voudrez tout le temps que vous y resterez.

MADAME PAPOFSKI.

Et combien de temps durera votre absence, mon bon oncle?

LE GÉNÉRAL.

Un an, mon excellente nièce; quinze mois peut-être. »

Mme Papofski ne pouvait plus contenir sa joie. Elle se jeta dans les bras du général, qui la repoussa sous prétexte qu'elle dérangerait sa superbe coiffure.

MADAME PAPOFSKI.

Mon pauvre oncle! Un an, c'est affreux!

LE GÉNÉRAL.

Deux ans, peut-être!

MADAME PAPOFSKI.

Deux ans, vraiment! Deux ans! Je ne puis croire à un..., un....

LE GÉNÉRAL, *avec ironie*.

....à un bonheur pareil!

MADAME PAPOFSKI

Ah! mon oncle! vous êtes méchant!

LE GÉNÉRAL.

Bonheur énorme! rester un an....

MADAME PAPOFSKI, *vivement*.

Vous disiez deux ans?

LE GÉNÉRAL.

Deux ans, si vous voulez; maîtresse souveraine

de Gromiline, avec la chance que je meure, que je crève! Vous n'appelez pas ça un bonheur?

MADAME PAPOFSKI, *faisant des mines.*

Mon oncle! vous êtes trop méchant! Vrai! je vous aime tant! Vous savez?

LE GÉNÉRAL.

Oui, oui, je sais; et croyez que je vous aime comme vous m'aimez. »

Mme Papofski se mordit les lèvres; elle devinait l'ironie et elle aurait voulu se fâcher, mais le moment eût été mal choisi : Gromiline pouvait lui échapper. Elle faisait son plan dans sa tête; aussitôt après le départ de son oncle, elle le dénoncerait comme recevant chez lui des gens suspects. Depuis six mois que Romane était là, elle avait observé bien des choses qui lui semblaient étranges : l'amitié familière de son oncle pour lui, la politesse et les déférences de sa sœur, les manières nobles et aisées du gouverneur; sa conversation, qui indiquait l'habitude du grand monde; de fréquentes et longues conversations à voix basse avec son oncle, des tressaillements, des rougeurs et des pâleurs subites au moindre mouvement extraordinaire au dehors, le service empressé de Dérigny près du nouveau venu, tous ces détails étaient pour elle des indices d'un mystère qu'on lui cachait. La famille française était évidemment envoyée par des révolutionnaires pour former un complot. Le prétendu Anglais, qui oubliait parfois son origine, et qui perdait son accent pour parler le français le plus pur et le plus élégant, devait être un second émissaire : elle avait pris des informations secrètes sur l'arrivée de M. Jackson à Smolensk; personne, dans la ville, n'avait vu ni reçu cet étranger. Il y avait donc un mystère là dedans. Sa sœur et Natasha étaient sans doute dans le secret; tous alors étaient du complot, et leur éloignement rendrait la dénonciation plus facile.

Pendant qu'elle roulait son plan dans sa tête et qu'elle s'absorbait dans ses pensées, son regard fixe et méchant, son sourire de triomphe, son silence prolongé attirèrent l'attention du général, de Mme Dabrovine et de Romane. Ils se regardèrent sans parler; le général fit à Romane et à Mme Dabrovine un signe qui recommandait la prudence. Mme Dabrovine reprit son ouvrage; Romane se leva pour aller rejoindre les enfants, qui, disait-il, pouvaient avoir besoin de sa surveillance. Le général se leva également et annonça qu'il allait travailler.

« Je mets mes affaires en ordre, Maria Pétrovna, pour vous rendre facile la gestion de mes biens; de plus, il sera bon que je vous mette au courant des revenus et des valeurs des terres et maisons. Dérigny m'aide à faire mes chiffres, qui me cassent la tête; je suis fort content de l'aperçu en gros de ma fortune, et je crois que vous ne serez pas fâchée d'en connaître le total. »

Mme Papofski rougit et n'osa pas répondre, de crainte de trahir sa joie.

« Vous n'êtes pas curieuse, Maria Pétrovna, reprit le général après un silence. Vous saurez que, si vous venez à hériter de moi, vous aurez douze à treize millions.

MADAME PAPOFSKI.

Ah! mon oncle, je ne compte pas hériter de vous, vous savez.

LE GÉNÉRAL.

Qui sait! C'est parce que je vous tourmente quelquefois que vous craignez d'être déshéritée? Qui sait ce qui peut arriver? »

Le regard étincelant de Mme Papofski, la rougeur qui colora son visage d'une teinte violacée, indiquèrent au général la joie de son âme; elle pourrait donc avoir Gromiline et le reste des biens de son oncle sans commettre de crime et sans courir la chance d'une dénonciation calomnieuse. Sa sœur Dabrovine et l'odieuse Natasha verraient leurs espérances déçues! A partir de ce moment, elle résolut de changer de tactique et d'attendre avec patience et douceur le départ de l'oncle et de ses favoris.

Elle crut comprendre que son oncle mettait de la méchanceté et de la fourberie dans sa conduite envers Mme Dabrovine et ses enfants; qu'il jouait l'affection pour mieux les désappointer, et qu'au fond il préférait à la douceur feinte et aux tendresses hypocrites de sa sœur son caractère à elle, sa manière d'agir et sa dureté, qui, croyait-elle, trouvaient un écho dans le cœur et l'esprit de son oncle.

Pendant qu'elle cherchait à comprimer le bonheur qui remplissait son âme, le général avait pris le bras de Mme Dabrovine et avait quitté le salon, riant sous cape et se frottant les mains.

Quand il fut dans le salon de Mme Dabrovine et qu'il eut soigneusement fermé la porte, il se laissa aller à une explosion de gaieté qui fut partagée par sa nièce. Ils riaient tous deux à l'envi l'un de l'autre quand Romane entra : il s'arrêta stupéfait.

« Ferme la porte, ferme la porte », lui cria le général au milieu de ses rires.

ROMANE.

Pardon de mon indiscrétion, mon cher comte; mais de quoi et de qui riez-vous ainsi?

LE GÉNÉRAL.

De qui? de Maria Pétrovna. De quoi? de ses espérances et de sa joie.

ROMANE.

Pardonnez, mon cher comte, si je ne partage pas votre gaieté; mais j'avoue que je n'éprouve que de la terreur devant les regards méchants et triomphants que jetait sur vous, sur Mme Dabrovine et sur moi cette nièce avide et désappointée dans ses espérances.

LE GÉNÉRAL.

Fini, fini, mon cher! Elle aura Gromiline, mes terres, mes maisons, mes millions, tout enfin. »

La surprise de Romane augmenta.

ROMANE.

« Mais... vous avez tout vendu..... Comment pou-

« Ah ! mon oncle, je ne compte pas hériter de vous. » (Page 195.)

vez-vous lui donner ce que vous n'avez plus?
LE GÉNÉRAL.
Et voilà le beau de l'affaire! et voilà pourquoi nous rions, Natalie et moi. J'ai eu de l'esprit comme un ange. Raconte-lui cela, ma fille, je ris trop, je ne peux pas. »

Mme Dabrovine raconta à Romane ce qui s'était passé entre le général et Mme Papofski. Romane rit à son tour de la crédulité de la dame et de la présence d'esprit du général.
ROMANE.
Mon cher et respectable ami, j'espère et je crois que vous nous avez tous sauvés d'un plan infernal de dénonciation qui aurait réussi, je n'en doute pas.
LE GÉNÉRAL.
Et moi aussi, mon ami, j'en suis certain, à la façon dont on traque tout ce qui est Polonais et catholique; et, sous ces deux rapports, nous sommes tous véreux; n'est-ce pas, ma fille? ajouta le général en déposant un baiser sur le front de Mme Dabrovine.
MADAME DABROVINE.
Oh oui! mon père! les souffrances de la malheureuse Pologne me navrent; et le malheur a ouvert mon cœur aux consolations chrétiennes d'un bon et saint prêtre catholique qui vivait dans mon voisinage, et qui m'a appris à souffrir avec résignation et à espérer. »

Romane écoutait Mme Dabrovine avec respect, admiration et bonheur.

« Et vos enfants ! dit-il après quelque hésitation.

MADAME DABROVINE.

Tous comme moi, mon cher monsieur, et tous désirant ardemment pouvoir pratiquer leur religion, seule proscrite et maudite en Russie, parce qu'elle est seule vraie. »

Romane lui baisa respectueusement la main.

ROMANE.

Mon cher comte, il serait bon de hâter le départ. Avez-vous fixé un terme ?

LE GÉNÉRAL.

J'ai demandé au général Négrinski, qui a acheté Gromiline, d'attendre au 1ᵉʳ juin pour prendre possession.

ROMANE.

Encore six semaines ! C'est trop, mon ami ; ne pourriez-vous lui écrire de venir prendre possession en personne le 15 mai ?

LE GÉNÉRAL.

Très bien ! Je vais écrire tout de suite, tu donneras ma lettre à Dérigny, qui la portera lui-même à Smolensk, à la poste. »

Le général se mit à table ; dix minutes après, Romane remettait la lettre à Dérigny en lui expliquant son importance et pourquoi le départ était avancé. Dérigny ne perdit pas de temps.

Mme Dabrovine convint avec son oncle qu'elle se plaindrait vivement de souffrances nouvelles ; que le général proposerait de hâter le départ pour aller attendre la saison des eaux dans un climat plus doux, et qu'on le fixerait au 1er juin devant Mme Papofski, mais en réalité au 15 mai, dans quinze jours.

« Négrinski arrivera le 15; nous serons déjà

Dix minutes après, Romane remettait la lettre à Dérigny.

loin, en chemin de fer et en pays étranger; elle aura dix jours de gloire et de triomphe!

MADAME DABROVINE.

Mais, mon père, ne craignez-vous pas que pendant ces dix jours elle n'exerce des cruautés contre vos gens et contre les pauvres paysans?

LE GÉNÉRAL.

Non, ma fille, parce que je ferai, avant de partir, un acte par lequel je donnerai la liberté à tous mes *dvarovoï*¹ et par lequel je déclarerai que si elle fait fouetter ou tourmenter un seul individu, elle perdra tous ses droits et devra quitter mes terres dans les vingt-quatre heures.

MADAME DABROVINE.

Je reconnais là votre bonté et votre prévoyance, mon père. »

Le jour même, à dîner, Mme Dabrovine se plaignit tant de la tête, de la poitrine, de l'estomac, que le général parut inquiet. Il la pressa de manger; mais Mme Dabrovine, qui avait très bien dîné chez les Dérigny, par les ordres de son oncle, avant de se mettre à table, assura qu'elle n'avait pas faim, et ne voulut toucher à rien.

Natasha était dans le secret du départ précipité, sans pourtant en savoir la cause; elle montra une insensibilité qui ravit Mme Papofski.

« Elle se perdra dans l'esprit de mon oncle : il est clair qu'elle n'aime pas du tout sa mère, » se disait-elle.

Le général feignit de l'inquiétude, et ne pouvait dissimuler sa joie aux yeux méchants et rusés de Mme Papofski.

« Il ne s'émeut pas de la voir souffrir; il ne l'aime pas du tout », pensa-t-elle.

---

1. Domestiques attachés au service particulier des maîtres.

Et son visage rayonnait; sa bonne humeur éclatait en dépit de ses efforts.

Le lendemain, même scène; Mme Dabrovine quitte la table et va s'étendre sur un canapé dans le salon; le général, quand il reste seul avec Mme Papofski, se plaint de l'ennui que lui donne la santé

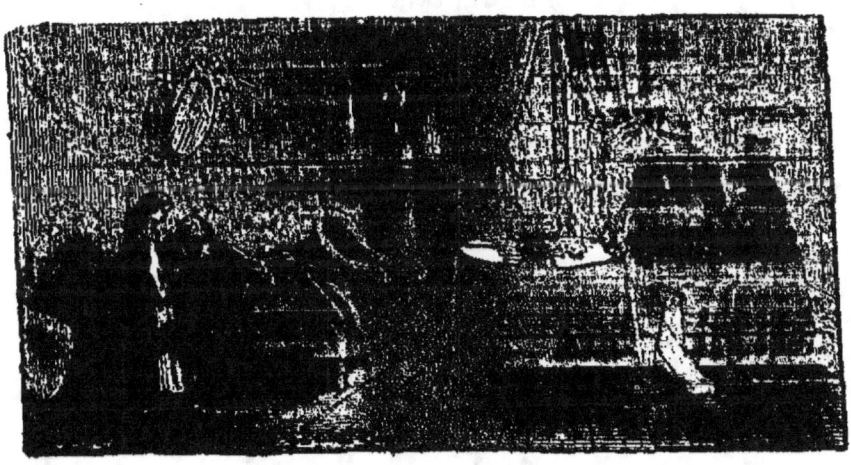

Le lendemain, même scène.

de sa nièce Dabrovine, et demande conseil à Mme Papofski sur le régime à lui faire suivre.

MADAME PAPOFSKI.

Je crois, mon oncle, que ce que vous pourriez faire de mieux, ce serait de lui faire respirer un air plus doux, plus chaud.

LE GÉNÉRAL.

C'est possible!... Oui, je crois que vous avez raison. Je pourrais la faire partir plus tôt avec les Dérigny, et moi je ne les rejoindrais qu'en juillet ou en août, aux eaux.

Mme Papofski frémit. Son règne sera retardé de deux mois au moins.

MADAME PAPOFSKI.

Il me semble, mon oncle, que dans son état de souffrance vous séparer d'elle serait lui donner un coup fatal. Elle vous aime tellement que la pensée de vous quitter....

LE GÉNÉRAL.

Vous croyez? Pourquoi m'aimerait-elle autant?

MADAME PAPOFSKI.

Ah! mon oncle! tous ceux qui vous connaissent vous aiment ainsi.

LE GÉNÉRAL.

Comment! tous ceux que je quitte meurent de chagrin? C'est effrayant, en vérité. Mais... alors,... vous aussi vous mourrez de chagrin, et vos huit enfants avec vous! Ce qui fait neuf personnes!... Voyons,... eux n'en font que cinq; c'est quatre de moins que j'aurai sur la conscience.... Alors... décidément je reste avec vous.

MADAME PAPOFSKI.

Mais non, mon oncle, ils seront neuf comme chez moi, en comptant les Dérigny!

LE GÉNÉRAL.

C'est vrai! Mais... la qualité?

MADAME PAPOFSKI.

Ah! mon oncle, je ne vaux pas ma sœur; et mes enfants ne peuvent se comparer aux siens, si bons, si gentils! Natasha est si charmante! Et puis M. Jackson! quel homme admirable! Comme il parle bien français! On ne le croirait jamais Anglais.... »

Mme Papofski regarda fixement son oncle, qui rougissait légèrement. Elle s'enhardit à sonder le mystère, et ajouta :

« Plutôt Français... (le général ne bougea pas), ou... même... Polonais. (Le général bondit.)

LE GÉNÉRAL.

Polonais! un Polonais chez moi! Allons donc! Ah! ah! ah! Polonais! Il y ressemble comme je ressemble à un Chinois. »

La gaieté du général était forcée; sa bouche riait, ses yeux lançaient des flammes; il sembla à Mme Papofski que s'il en avait le pouvoir, il l'étranglerait sur place. Le regard fixe et sérieux de cette femme méchante augmenta le malaise du général, qui s'en alla en disant qu'il allait savoir des nouvelles de sa nièce.

MADAME PAPOFSKI.

C'est un Polonais! Je le soupçonnais depuis quelque temps; j'en suis sûre maintenant! Et mon oncle le sait et il le cache. Il est bien heureux de m'avoir laissé le soin de gérer ses affaires en son absence, sans quoi... j'aurais été à Smolensk et j'aurais dénoncé le Polonais et eux tous avant huit jours d'ici! seulement le temps de découvrir du nouveau et de m'assurer du fait. A présent, c'est inutile : je tiens sa fortune, j'en vendrai ce que je voudrai. L'hiver prochain, je vendrai du bois pour un million... et je le garderai, bien entendu. »

Pendant que Mme Papofski triomphait, le général arrivait chez Mme Dabrovine le visage consterné et décomposé.

« Ma fille! mon enfant! elle a deviné que Romane était un Polonais! Qu'il se cache! Elle le perdra! elle le dénoncera, la misérable! Mon pauvre, pauvre Romane! »

Et le général raconta ce qu'avait dit Mme Papofski.

MADAME DABROVINE.

Mon père! pour l'amour de Dieu, calmez-vous! Qu'elle ne vous surprenne pas ainsi! Comment saurait-elle que le prince Romane n'est pas M. Jackson? Elle soupçonne peut-être quelque chose; elle aura voulu voir ce que vous diriez. Qu'avez-vous répondu?

LE GÉNÉRAL.

J'ai ri! J'ai dit des niaiseries. Mais je me sentais furieux et terrifié. Et voilà le malheur! elle s'en est aperçue. Si tu avais vu son air féroce et triomphant!... Coquine! gueuse! que ne puis-je l'étouffer, la hacher en morceaux!

MADAME DABROVINE.

Mon père! mon pauvre père! Remettez-vous, laissez-moi appeler Dérigny; il a toujours le pouvoir de vous calmer.

LE GÉNÉRAL.

Appelle, appelle, mon enfant, qui tu voudras. Je suis hors de moi! Je suis désolé et furieux tout à la fois. »

Mme Dabrovine courut à la recherche de Dérigny, qu'elle trouva heureusement chez lui avec sa femme; leurs enfants jouaient avec ceux de Mme Dabrovine dans la galerie.

« Que ne puis-je l'étouffer, la hacher en morceaux! »

MADAME DABROVINE.

Mon bon Dérigny, venez vite calmer mon pauvre père qui est dans un état affreux; il craint que ma sœur n'ait reconnu le prince Romane. »

Dérigny suivit précipitamment Mme Dabrovine.

Arrivé près du général, il fut mis au courant de ce qui venait de se passer. Il réfléchit un instant en tournant sa moustache.

DÉRIGNY.

Pas de danger, mon général. Grâce à votre coup de maître d'avoir abandonné à Mme Papofski, en votre absence, l'administration de vos biens, son intérêt est de vous laisser partir; il ne serait même pas impossible que ce fût une ruse pour hâter votre départ et vous faire abandonner le projet que vous manifestiez de rester à Gromiline et de nous laisser partir sans vous.... Il n'y a qu'une chose à faire, ce me semble, mon général, c'est de partir bien exactement le 1er mai, dans douze jours; mais de ne le déclarer à Mme Papofski que la veille, de peur de quelque coup fourré.

MADAME DABROVINE.

Monsieur Dérigny a raison; je crois qu'il voit très juste. Tranquillisez-vous donc, mon pauvre père. Le danger des autres vous impressionne toujours vivement. »

Mme Dabrovine serra tendrement les mains de son oncle et l'embrassa à plusieurs reprises; les explications de Dérigny, la tendresse de sa nièce, remirent du calme dans le cœur et dans la tête du général.

LE GÉNÉRAL.

Chère, bonne fille! Je me suis effrayé, il est vrai, et à tort, je pense. Mais aussi, quel danger je redoutais pour mon pauvre Romane!... et pour nous tous, peut-être!

— Vous l'avez heureusement conjuré, mon général, dit gaiement Dérigny. Nous sommes en mesure de partir quand vous voudrez. J'ai déjà emballé tous les effets auxquels vous tenez, mon général; l'argenterie même est dans un des coffres de la berline; le reste sera fait en deux heures.

LE GÉNÉRAL.

Merci, mon bon Dérigny; toujours fidèle et dévoué.

— Mon père! s'écria avec frayeur Mme Dabrovine, nous ne passerons pas la frontière : nous n'avons pas de passeports pour l'étranger.

— Ils sont dans mon bureau depuis huit jours, mon enfant, répondit le général en souriant.

MADAME DABROVINE.

Vous avez pensé à tout, mon père! Vous êtes vraiment admirable, pour parler comme ma sœur.

LE GÉNÉRAL.

Où est allé Romane? Savez-vous, Dérigny?

DÉRIGNY.

Je ne sais pas, mon général; je ne l'ai pas vu. Mais je pense qu'il est à son poste, près des enfants.

LE GÉNÉRAL.

Tâchez de nous l'envoyer, Dérigny; il faut que je le prévienne de se tenir en garde contre les scélératesses de ma méchante nièce. A-t-on jamais vu deux sœurs plus dissemblables? »

Dérigny trouva effectivement Romane dans la galerie; il paraissait agité et se promenait en long et en large. Natasha l'accompagnait et lui parlait avec vivacité et gaieté. Dérigny parut surpris de l'agitation visible de Romane et lui demanda s'il était souffrant.

« Non, non, mon bon monsieur Dérigny, répondit Natasha en riant ; je suis occupée à le calmer et à lui faire la morale. Figurez-vous que M. Jackson, toujours si bon, si patient, s'est fâché,... mais tout de bon,... contre mes cousins Mitineka et Yégor, qui sautaient après lui en l'appelant POLONAIS. M. Jackson a pris cela comme une injure ; et moi, je lui dis que c'est très mal, que les Polonais sont très bons, très malheureux, qu'il ne faut pas les détester comme il fait, qu'il faut même les aimer ; et lui, au lieu de m'écouter, il a les yeux rouges comme s'il voulait pleurer ; il me serre la main à me briser les doigts,... et tout cela par colère,... et tout cela par colère,... Tenez, regardez-le ; voyez s'il a l'air tranquille et bon comme d'habitude. »

Dérigny ne répondit pas ; Romane se tut également ; Natasha alla gronder encore ses méchants cousins ; pendant ce temps, Dérigny et Romane avaient disparu.

Mme Papofski entra :

« M. Jackson n'est pas ici ?

MITINEKA.

Non, maman, il est parti furieux ; nous l'avons appelé *Polonais*, comme vous nous l'avez ordonné : il a pris cela pour une injure ; il s'est fâché, il nous a grondés; il a dit que nous étions des menteurs, des méchants enfants, et il s'en est allé malgré Natasha.

NATASHA.

Oui, ma tante; et j'ai eu beau lui dire que c'était très mal de haïr les Polonais comme il le faisait, et d'autres choses, très raisonnables, il n'a rien voulu écouter, et il est parti très en colère.

— Ah! » dit Mme Papofski.

Et, sans ajouter autre chose, elle quitta la chambre, étonnée et désappointée.

« Il n'est pas Polonais? pensa-t-elle. Qu'est-il donc? »

Chez Mme Dabrovine, où Romane trouva le général, il raconta, encore tout ému, l'apostrophe des petits Papofski; et, lorsque le général et Mme Dabrovine lui dirent qu'il avait tort de s'effrayer de propos d'enfants, son agitation redoubla.

ROMANE.

Cher comte, chère madame, ces enfants n'étaient que l'écho de leur mère; je le voyais à leur manière de dire, à leur insistance grossière et malicieuse. Ce n'est pas moi seul qui suis en jeu; ce serait vous, mes bienfaiteurs, mes amis les plus chers, vos fils, votre fille, si bonne et si charmante; tous vous seriez enveloppés dans la dénonciation; car, vous savez,... elle l'a dit,... elle nous fera tous enfermer, juger, envoyer aux mines, en Sibérie! Oh!... la Sibérie!... quel enfer!... Quelle terreur de songer que, pour moi, à cause de moi, vous y seriez tous!... Je me sens devenir fou à cette pensée.... Vous,... le général,... Natasha!... Oh! mon Dieu! pitié! pitié!... sauvez-les!... Prenez-moi seul!... Que seul je souffre pour tous ces êtres si chers!... »

Romane tomba à genoux, la tête dans ses mains. Le général était consterné; Mme Dabrovine pleurait; Dérigny était ému. Il s'approcha de Romane.

« Courage, lui dit-il, rien n'est perdu. Le danger n'existe pas depuis que le général donne, par son départ volontaire, la gestion de toute sa fortune à Mme Papofski. L'intérêt qui guide ses actions doit arrêter toute dénonciation. Les biens seraient mis sous séquestre; Mme Papofski n'en jouirait pas, et elle n'aurait que l'odieux de son crime, dont l'État seul profiterait.

— C'est vrai!... Oui,... c'est vrai!... dit Romane s'éveillant comme d'un songe. J'étais fou! Le danger m'avait ôté la raison! Pardonnez-moi, très chers amis, les terreurs que j'ai fait naître en m'y livrant moi-même.... Pardonnez. Et vous, mon cher Dérigny, recevez tous mes remerciements; je vous suis sincèrement reconnaissant. »

Romane lui prit et lui serra fortement les deux mains.

« Redoublons de prudence, ajouta-t-il. Encore quelques jours, et nous sommes tous sauvés. Au revoir, cher comte; je retourne à mon poste, que j'ai déserté, et si les Papofski recommencent, j'abonderai dans la pensée de Natasha, qui croyait que j'étais en colère et que c'était par haine des Polonais que je m'agitais. »

Il sortit en souriant, laissant ses amis calmes et rassurés. Quand il rentra, il trouva tous les enfants groupés autour de Natasha, qui leur parlait avec une grande vivacité. Il s'arrêta un instant pour considérer ce groupe composé de physionomies si diverses. Quand Natasha l'aperçut, il souriait.

« Ah! vous voilà, monsieur Jackson? Et vous

Romane tomba à genoux, la tête dans ses mains.

n'êtes plus fâché, je le vois bien. Mes cousins, voyez, M. Jackson vous pardonne; mais ne recommencez pas; pensez à ce que je vous ai dit.... Et vous, dit-elle en s'approchant de M. Jackson d'un air suppliant et doux, ne détestez pas les pauvres Polonais (Jackson tressaille). Je vous en prie,... mon cher monsieur Jackson!... Ils sont si malheureux! On ne leur laisse ni patrie, ni famille, ni même leur sainte religion! Comment ne pas les plaindre et ne pas les aimer?... N'est-ce pas que vous tâcherez de..., de... les aimer,... pour ne pas être trop cruel. »

M. Jackson la regardait sans lui répondre; son âme polonaise tressaillait de joie.

NATASHA.

Mais parlez, répondez-moi! c'est donc bien difficile, bien terrible d'avoir pitié de ceux qui souffrent, qu'on arrache à leurs familles, qu'on enlève à leurs parents, qu'on envoie en Sibérie?

— Assez, assez! dit Jackson de plus en plus troublé. J'ai pitié de ces infortunés!... Si vous saviez!... Mais assez, plus un mot! Je vous en conjure.

NATASHA.

Bien, nous n'en parlerons plus... avec vous, car j'en cause souvent avec maman. Je suis bien aise de vous avoir enfin attendri sur.... Pardon, je me sauve pour ne pas recommencer. »

Et Natasha, riante et légère, s'échappa en courant et vint raconter ses succès à sa mère et à son oncle.

« Je l'ai converti, maman; il a enfin pitié de ces pauvres Polonais. Il me l'a dit, mais il ne veut pas qu'on en parle; c'est singulier qu'un homme si bon déteste des gens si malheureux et si courageux?

— Natasha, dit le général, qui riait et se frottait les mains, sais-tu que nous partons dans huit ou dix jours?

NATASHA.

Tant mieux, mon oncle; nous serons tous contents de nous en aller à cause de maman. Et puis.... »

Natasha rougit et se tut.

LE GÉNÉRAL.

Et puis quoi? De qui as-tu peur ici? Achève ta pensée, Natashineka.

NATASHA.

Mon oncle,... c'est que c'est mal d'être enchantée de quitter ma tante et mes cousins?

LE GÉNÉRAL.

Et pourquoi es-tu enchantée de les quitter?... Parle sans crainte, Natasha; dis-nous toute la vérité.

NATASHA.

Eh bien, mon oncle, puisque vous voulez le savoir, c'est parce que ma tante est méchante pour mes frères, qu'elle appelle des ânes et des pauvrards; pour Jacques et Paul, qu'elle gronde sans cesse, qu'elle appelle des petits laquais, qu'elle menace de faire fouetter; pour ce bon M. Jackson, dont elle se moque, qu'elle oblige à porter son châle, son chapeau, qu'elle traite comme un domestique; tout cela me fait de la peine, parce que je vois bien que M. Jackson n'est pas habitué à être traité ainsi; les pauvres petits Dérigny pleurent souvent, surtout Paul. Quant à mes cousins, ils taquinent mes frères, tourmentent Jacques et Paul, et disent des sottises à M. Jackson, qui protège les pauvres petits. Vous pensez bien, mon oncle, que tout cela n'est pas agréable.

LE GÉNÉRAL *riant*.

C'est même très désagréable! Viens m'embrasser, chère enfant.... Encore huit jours de patience, et tu seras comme nous délivrée des méchants. En attendant, je te permets d'être enchantée comme nous.

NATASHA.

Vrai, vous êtes content?... Oh! mon oncle, que vous êtes bon! »

Natasha demanda la permission d'aller annoncer la bonne nouvelle aux Dérigny. Le général la lui accorda en riant plus fort, et en recommandant le secret jusqu'au lendemain.

XIII

PREMIER PAS VERS LA LIBERTÉ

Le lendemain, un peu avant déjeuner, le général appela Mme Papofski dans le salon; elle arriva, inquiète de la convocation, et trouva son oncle assis dans son fauteuil; il lui fit un salut majestueux de la main.

« Asseyez-vous, Maria Pétrovna, et écoutez-moi. Vous êtes venue à Gromiline pour vous faire donner une partie de ma fortune; vous avez feint la pauvreté, tandis que je vous sais riche. Silence, je vous prie; n'interrompez pas. Je ne tiens pas à ma fortune; je vous fais volontiers l'abandon de Gromiline et des biens que vous convoitez et que je possède en Russie. Au lieu de vous en laisser la gestion pendant mon absence, je vous les donne et je ne garde que mes capitaux pour vivre dans l'aisance avec votre sœur et ses enfants que vous détestez, que j'aime et qui ne songent pas, en m'aimant, aux avantages que je peux leur faire.... La santé de votre sœur exige un prompt départ ; je l'ai fixé au 1er mai, dans huit jours. La veille je vous remettrai les papiers et les comptes dont vous aurez besoin pour que tout soit en règle. J'emmène tous ceux que j'aime ; je vous laisse tous mes gens. Je vous défends de les maltraiter, et j'ai fait un acte qui arrêtera les explosions de vos colères et de votre méchanceté. Ne vous contraignez pas ; ne dissimulez plus ; je vous connais ; je devine ce que vous pensez, ce que vous croyez me cacher. Laissez-vous aller à votre joie, et surtout pas de phrases menteuses. »

Mme Papofski avait voulu bien des fois interrompre son oncle, mais un geste impétueux, un regard foudroyant, arrêtaient les paroles prêtes à s'échapper de ses lèvres, tremblantes de colère et de joie. Ces deux sentiments se combattaient et rendaient sa physionomie effrayante. Quand le général cessa de parler, il la regarda quelque temps avec un mépris mélangé de pitié. Voyant qu'elle se taisait, il se leva et voulut sortir.

« Mon oncle », dit-elle d'une voix étranglée.

Le général s'arrêta et se retourna.

« Mon oncle, je ne sais... comment vous remercier.... »

Le général ouvrit la porte, sortit et la referma avec violence. Il passa dans la salle à manger, où l'attendaient, d'après ses ordres, Mme Dabrovine, ses enfants, Romane et les enfants Papofski.

« Déjeunons, dit-il avec calme en se mettant à table. Ici, Natasha, à ma gauche.

NATASHA.

Mais, mon oncle,... ma tante,... c'est sa place.

LE GÉNÉRAL, *souriant*.

Ta tante est au salon, en train de digérer sa nouvelle fortune, assaisonnée de quelques vérités dures à avaler. »

Natasha ne comprenait pas et regardait d'un air étonné son oncle, sa mère et Romane, qui riaient tous les trois.

« Dans quinze jours tu sauras tout, mon enfant. Mange ton déjeuner et ne t'inquiète pas des absents. »

Natasha suivit gaiement le conseil de son oncle, et l'entendit avec bonheur annoncer leur départ à tous ses gens.

Pendant les derniers jours passés à Gromiline, il y eut beaucoup d'agitation, d'allées et de venues causées par le départ du maître. Mme Papofski parut à peine aux repas, et garda le silence sur sa conversation avec son oncle. Feindre était difficile et inutile, agir et parler sincèrement pouvait être dangereux et changer les dispositions généreuses de son oncle. Ses enfants reçurent du général la défense de jouer avec leurs cousins et avec les petits Dérigny; Mitineka et Yégor voulurent un jour enfreindre la consigne et entraîner Paul, qu'ils rencontrèrent dans un corridor. Le général passait au bout avec Dérigny et entendit les cris de Paul, il fit saisir Mitineka et Yégor et les fit fouetter de façon à leur ôter à tous l'envie de recommencer. Sonushka eut le même sort pour avoir méchamment lancé une bouteille d'encre sur Natasha, qui en fut inondée, et dont la robe fut complètement perdue.

La veille du départ, le général remit à Mme Papofski, sans lui parler, un portefeuille plein des papiers qu'il lui avait annoncés. Elle le reçut en silence et s'éloigna avec sa proie. On devait partir à neuf heures du matin; le général, pour éviter les adieux des Papofski, leur avait fait dire qu'il partait à midi après déjeuner.

Avant de monter en voiture, le général rassembla tous ses gens, leur annonça qu'il leur avait donné à tous leur liberté, et il remit à chacun cinq cents roubles en assignats. La joie de ces pauvres gens récompensa largement le général de cet acte d'humanité et de générosité. Après leur avoir fait ses adieux, il monta dans sa berline avec sa nièce, Natasha et M. Jackson. Dans une seconde berline se placèrent Mme Dérigny, Alexandre, Michel, qui avaient demandé avec instance d'être dans la même voiture que Jacques et Paul; sur le siège de la première voiture étaient un *feltyègre*[1] et un domestique; sur celui de la seconde était Dérigny. Les poches des voitures et des sièges étaient garnies de

---

1. Espèce d'agent de police qui accompagne les voyageurs de distinction, à leur demande, pour leur faire donner sur la route les chevaux, les logements et ce dont ils ont besoin.

provisions, précaution nécessaire en Russie. Le départ fut grave; le général éprouvait de la tristesse en quittant pour toujours ses terres et son

Il fit saisir Mitineka et Yégor et les fit fouetter.

pays; le même sentiment dominait Mme Dabrovine; le souvenir de son mari lui revenait plus poignant que jamais. Natasha regardait sa mère et souffrait de ce chagrin dont elle devinait si bien la cause. Romane tremblait d'être reconnu avant de passer la frontière, et de devenir ainsi une cause de malheur et de ruine pour ses amis ; il avait passé par les villes et les villages qu'on aurait à traverser pendant plusieurs jours, mais à pied, traînant des fers trop étroits, dont le poids et les blessures qu'ils occasionnaient faisaient de chaque pas une torture. Il est vrai que, mêlé à la foule de ses compatriotes transportés en Sibérie, il avait pu ne pas être remarqué, ce qui diminuait de beaucoup le danger. Il sentait aussi la nécessité de dissimuler ses inquiétudes pour ne pas causer au général et à Mme Dabrovine une agitation qui aurait pu éveiller les soupçons du feltyègre.

« A quoi pensez-vous, Jackson ? lui demanda le général, qui avait remarqué quelque chose des préoccupations de Romane.

ROMANE.

Je pense au feltyègre, monsieur le comte, et à l'agrément d'avoir un homme de police à ses ordres pour faciliter le voyage.

LE GÉNÉRAL.

Et vous avez raison, mon ami, plus raison que vous ne le pensez ; c'est une protection de toutes les manières, quand il sait qu'il sera largement payé. »

Le général avait appuyé sur chaque mot en regardant fixement son jeune ami, qui le remercia du regard et chercha à reprendre sa sérénité habituelle.

« Maman, entendez-vous les rires qu'ils font dans l'autre voiture ! s'écria Natasha. Quel dom-

mage que nous ne puissions être tous ensemble!
MADAME DABROVINE.

Au premier relais tu pourras aller rejoindre Mme Dérigny et tes frères, chère enfant. »

Natasha hésita un instant, secoua la tête.

« Non, dit-elle; je veux rester avec vous, maman, et avec mon oncle. »

Les éclats de rire et les chants continuaient à se faire entendre. C'étaient Alexandre et Michel qui apprenaient à Jacques et à Paul des chansons russes, que ceux-ci écorchaient terriblement, ce qui excitait la gaieté des maîtres et des élèves. Mais ce fut bien pis quand Mme Dérigny se mit de la partie; Jacques, Paul, Mme Dérigny rivalisaient à qui prononcerait le mieux, et Alexandre et Michel se roulaient à force de rire.

Dérigny cherchait de temps en temps à les faire taire, mais les rires redoublaient devant ses signes de détresse.

« Vous allez tous vous faire gronder par le général, leur dit Dérigny.

ALEXANDRE ET MICHEL, *se penchant à la glace ouverte.*

Pas de danger! Mon oncle aime la gaieté.

JACQUES ET PAUL, *se penchant à l'autre glace.*

Le général ne gronde jamais quand on rit.

MADAME DÉRIGNY, *par la glace du fond.*

Tu fais un croquemitaine de notre bon général. »

Toutes ces têtes aux trois glaces de la voiture parurent plaisantes à Dérigny, qui se mit à rire de son côté. En se rejetant dans la voiture, les cinq têtes se cognèrent ; chacun fit : Ah ! et se frotta le front, la joue, le crâne. Tous se regardèrent et se mirent à rire de plus belle.

Les voitures gravissaient une colline dans un sable mouvant ; les chevaux marchaient au pas. Ils s'arrêtèrent tout à fait ; la portière s'ouvrit, Natasha et Romane y apparurent : le visage de Natasha brillait de gaieté par avance. Romane souriait avec bienveillance.

NATASHA.

Qu'est-ce qui vous amuse tant ? Maman et mon oncle font demander de quoi vous riez.

ALEXANDRE.

Nous rions, parce que nous nous sommes tous cognés et que nous nous sommes cassé la tête.

NATASHA, *riant*.

Cassé la tête ! et vous riez pour cela ?... Et vous aussi, ma bonne madame Dérigny ?

MADAME DÉRIGNY.

Oui, mademoiselle ; mais avant il faut dire que nous avions pris une leçon de chant qui nous avait fort égayés.

NATASHA.

De chant ? Qui donnait la leçon ? qui la prenait ?

MADAME DÉRIGNY.

Nos maîtres étaient messieurs vos frères ; les élèves étaient Jacques, Paul et moi.

NATASHA.

Oh ! comme j'aurais voulu l'entendre ! Que cela

Natasha et Romane apparurent à la portière.

devait être amusant! Monsieur Jackson, mon bon monsieur Jackson, allez, je vous prie, demander à maman que j'aille avec eux. »

Romane sourit et alla faire la commission.

MADAME DABROVINE.

Mais, mon cher monsieur Jackson, ils seront trop serrés, et pourtant ils ne peuvent pas rester dans cette berline sans Mme Dérigny.

JACKSON, *souriant*.

Mlle Natasha en a bien envie, madame; nous sommes bien graves pour elle.

MADAME DABROVINE.

Que faire? mon père? Faut-il la laisser aller?

LE GÉNÉRAL.

Laisse-la, laisse-la, cette pauvre petite! Comme dit Jackson, nous sommes ennuyeux à pleurer. Allez, mon ami, allez lui dire que nous ne voulons pas d'elle et que je lui ordonne de s'amuser là-bas. »

Jackson s'empressa d'aller porter la réponse.

« Merci, mon bon monsieur Jackson, merci; c'est vous qui m'avez fait gagner ma cause; je l'ai bien entendu. Attendez-moi tous, je reviens. »

Natasha courut à la première berline; leste comme un oiseau, elle sauta dedans, embrassa sa mère et son oncle.

« Je ne serai pas longtemps absente, dit-elle; je vous reviendrai au premier relais.

LE GÉNÉRAL.

Non, reste jusqu'à la couchée, chère enfant; je serai content de te savoir là-bas, gaie et rieuse. »

Natasha remercia, sauta à bas de la berline, courut à l'autre; avant de monter, elle tendit la main à M. Jackson.

« Soignez bien maman, dit-elle; et si vous la voyez triste, venez vite me chercher : je la console toujours quand elle a du chagrin. »

Les portières se refermèrent, et les voitures se remirent en marche. Natasha essaya de s'asseoir sans écraser personne; mais, de quelque côté qu'elle se retournât, elle entendit un : Aïe! qui la faisait changer de place.

« Puisque c'est ainsi, dit-elle, je vais m'asseoir par terre. »

Et, avant qu'on eût pu l'arrêter, elle s'établit par terre, écrasant les pieds et les genoux. Les cris redoublèrent de plus belle : Natasha riait, cherchait vainement à se relever; les quatre garçons la tiraient tant qu'ils pouvaient; mais, comme tous riaient, ils perdaient de leur force; et, comme Natasha riait encore plus fort, elle ne s'aidait pas du tout. Enfin, Mme Dérigny lui venant en aide, elle se trouva à genoux; c'était déjà un progrès. Alexandre et Jacques parvinrent à se placer sur le devant de la voiture; alors Natasha put se mettre au fond avec Mme Dérigny, et Paul entre elles deux. On ne fut pas longtemps sans éprouver les tortures de la faim ; Dérigny leur passa une foule de bonnes choses, qu'ils mangèrent comme des affamés; leur gaieté dura jusqu'à la fin de la journée. On s'était arrêté deux fois pour manger. Dans le village où on dînait et où on couchait, Jackson reconnut une femme qui lui avait témoigné de la compassion lors de son passage avec la chaîne des condamnés, et qui lui avait donné furtivement un pain pour suppléer à l'insuffisance de la nourriture qu'on leur accordait. Cette rencontre le fit trembler. Puisqu'il l'avait reconnue, elle pouvait bien le reconnaître aussi et aller le dénoncer.

Il épia les regards et la physionomie triste mais ouverte de cette femme; elle le regarda à peine, et ne parut faire aucune attention à lui pendant les allées et venues que nécessitaient les préparatifs du repas et des chambres à coucher.

Mme Dabrovine, Natasha et Mme Dérigny s'occupèrent de la distribution des chambres ; elles soignèrent particulièrement celle du général. On dîna assez tristement; chacun avait son sujet de préoccupation, et la gravité des parents rendit les enfants sérieux.

La nuit fut mauvaise pour tous; les souvenirs pénibles, les inquiétudes de l'avenir, les lits durs et incommodes, l'abondance des *tarakanes*, affreux insectes qui remplissent les fentes des murs en bois dans les maisons mal tenues, tous ces inconvénients réunis tinrent éveillés les voyageurs, sauf les enfants, qui dormirent à peu près bien.

XIV

ON PASSE LA FRONTIÈRE

Le jour vint, il fallut se lever. Chacun était plus ou moins fatigué de sa nuit, excepté les enfants, qui dorment toujours bien partout, et Natasha, qui, sous ce rapport, malgré ses seize ans, faisait encore partie de l'enfance. Les toilettes furent bientôt faites, on se réunit pour déjeuner ; Dérigny avait préparé thé et café selon le goût de chacun.

Le général était sombre ; il avait embrassé nièces et neveux, et serré la main à son ami Romane, mais il n'avait pas parlé et il gardait encore un silence absolu.

« Grand-père... », dit Natasha en souriant.

Le général parut surpris et touché.

« Grand-père, voulez-vous venir avec nous à la place de Mme Dérigny, dans la seconde voiture ?

— Comment veux-tu que je tienne en sixième? dit le général, se déridant tout à fait.

NATASHA.

Oh! j'arrangerais cela, grand-père. Je vous mettrais au fond, moi près de vous.

LE GÉNÉRAL.

Et puis? Que ferais-tu des quatre gamins?

NATASHA.

Tous en face de nous, grand-père. Ce serait très amusant; nous verrions tout ce qu'ils feraient, et nous ririons comme hier, et nous vous ferions chanter avec nous : c'est ça qui serait amusant! »

Le général se trouva complétement vaincu; il partit d'un éclat de rire, toute la table fit comme lui; le général prenant une leçon et chantant parut à tous une idée si extravagante, que le déjeuner fut interrompu et qu'on fut assez longtemps avant de pouvoir arrêter les élans d'une gaieté folle. Natasha était tombée sur l'épaule de sa mère; Alexandre se trouvait appuyé sur Natasha, et Michel avait la tête sur les reins de son frère. Mme Dabrovine soutenait le général, qui perdait son équilibre, et Romane le maintenait du côté opposé. Dérigny, debout derrière, tenait fortement la chaise du général.

Tout a une fin, la gaieté comme la tristesse; les rires se calmèrent, chacun reprit son déjeuner refroidi et chercha à regagner le temps perdu en avalant à la hâte ce qui restait de sa portion.

« Les chevaux sont mis, mon général », vint

annoncer Dérigny quand tout le monde eut fini.

On courut aux manteaux, aux chapeaux, et en quelques instants on fut prêt.

Le général passa le premier; sa nièce et les enfants suivaient; Romane était un peu en arrière; il se sentit arrêter par le bras, se retourna et vit la femme qu'il avait reconnue la veille, tenant à la main un pain semblable à celui qu'il avait reçu

d'elle trois ans auparavant. Elle le lui présenta, lui serra la main et lui dit en polonais :

« Prends au retour ce que je t'avais donné en allant. Que Dieu te protège et te fasse passer la frontière sans être repris par nos cruels ennemis. Ne crains rien; je ne te trahirai pas.

ROMANE.

Comment t'appelles-tu, chère et généreuse compatriote, afin que je mette ton nom dans mes prières?

LA SERVANTE.

Je m'appelle Maria Fenizka. Et toi?

ROMANE.

Prince Romane Pajarski.

LA SERVANTE.

Que Dieu te bénisse! Ton nom était déjà venu jusqu'à moi. Laisse-moi baiser la main de celui qui a voulu affranchir la patrie. »

Romane releva Maria à demi agenouillée devant lui, et, la prenant dans ses bras, il l'embrassa affectueusement sur les deux joues.

« Adieu, Maria Fenizka; je ne t'oublierai pas. Silence, on vient. »

Maria s'échappa et rentra dans la maison; elle n'y trouva personne, tout le monde était dans la rue pour assister au départ des voyageurs. Romane monta dans la berline du général et de Mme Dabrovine; Natasha avait voulu y monter aussi, mais on l'avait renvoyée.

LE GÉNÉRAL.

Va-t'en rire là-bas, mon enfant; tu t'accommodes mieux de leur gaieté que de notre gravité.

NATASHA.

Mais vous allez vous ennuyer sans moi?

LE GÉNÉRAL.

Tiens! Quel orgueil a mademoiselle! Tu me crois donc si ennuyeux que ta mère et Jackson ne puissent se passer de toi, et que ta mère et Jackson ne soient pas capables de me faire oublier ton absence? Va, va, orgueilleuse, je te mets en pénitence jusqu'au dîner.

NATASHA.

Pas avant de vous avoir embrassé, grand-père, et maman aussi. Adieu, monsieur Jackson; amu-

« Que Dieu te protège et te fasse passer la frontière. » (Page 233.)

sez-vous bien, grand.... Ah! mon Dieu! qu'avez-vous! Regardez, grand-père.

— Silence, pour Dieu, silence! lui dit Jackson à voix basse en lui serrant la main à l'écraser.

— Aïe! s'écria Natasha.

— Natalia Dmitrievna s'est fait mal? demanda le feltyègre, qui approchait.

— Non,... oui,... je me suis cogné la main; ce ne sera rien. »

Et Natasha s'éloigna étonnée et pensive, pendant que Romane prenait sa place en face de ses amis et gardait le silence, de peur que le feltyègre n'entendît quelques mots de la conversation. Le général et Mme Dabrovine interrogeaient Romane du regard; profitant des cahots de la voiture, il réussit à expliquer en quelques mots la cause de sa pâleur et de son trouble. Le général fut inquiet de la mémoire extraordinaire de cette femme; d'autres pouvaient également reconnaître Romane, et il résolut de ne plus coucher et de voyager jour et nuit jusqu'au delà de la frontière russe.

Quand on s'arrêta pour déjeuner, le général alla se promener sur la grande route avec sa nièce et Romane, pendant que les quatre garçons et Natasha allaient en avant et jouaient à toutes sortes de jeux. Romane put enfin leur raconter en détail ce qui lui était arrivé à la première couchée, et le général leur fit part de sa résolution de voyager jour et nuit, et de s'arrêter le moins possible. Mme Dabrovine devait se plaindre tout haut devant le feltyègre de la fatigue de la dernière nuit. Romane ferait des représentations sur les inconvénients bien plus grands d'un voyage trop précipité ; le général trancherait la question en disant que la santé de sa nièce passait avant tout, et, pour mettre le feltyègre dans ses intérêts, il lui dirait que, vu la fatigue plus grande qu'il aurait à supporter, il lui payerait les nuits comme doubles journées. Tout se passa le mieux du monde ; la discussion commença à déjeuner ; le général fit semblant de se fâcher ; Romane dit qu'il n'avait qu'à obéir ; le feltyègre fut content de ce nouvel arrangement qui rendait ses nuits plus profitables que ses journées. Natasha et les enfants furent enchantés de voyager de nuit ; les Dérigny partagèrent leur satisfaction, parce qu'ils arriveraient plus tôt au bout de leur voyage et parce que le général avait trouvé moyen d'expliquer à Dérigny pourquoi il se pressait tant. Au relais du soir, on dîna, chacun s'arrangea pour passer la nuit le plus commodément possible. Romane était monté dans la berline de ses élèves, cédant sa place à Mme Dérigny. On fit aux femmes et aux enfants une distribution d'oreillers. Natasha reprit sa place dans la berline de sa mère et de son oncle, et commença avec ce dernier une conversation aussi gaie qu'animée pour lui faire accepter son oreiller, qui la gênait, disait-elle, horriblement.

« Si vous persistez à me refuser, grand-père, je ne vous appellerai plus que mon oncle et je donnerai mon oreiller au feltyègre. »

Cette menace fit son effet; le général prit l'oreiller, que Natasha lui arrangea très confortablement.

« Là! A présent, grand-père, bonsoir; dormez bien. Bonsoir, maman, bonne nuit. »

Natasha se rejeta dans son coin et ne tarda pas à s'endormir. Ses compagnons de route en firent autant.

Dans l'autre berline on commença par se jeter les oreillers à la tête et par rire comme la veille : mais le sommeil finit par fermer les yeux des plus jeunes, puis des plus grands, puis enfin ceux de Romane. De cette voiture, comme de la première, ne sortit pas le plus léger bruit jusqu'au lendemain : on ne commença à s'y remuer que lorsque les voitures s'arrêtèrent et qu'un mouvement bruyant à l'extérieur tira les voyageurs de leur sommeil. Le soleil brillait déjà et réchauffait le pauvre Dérigny, engourdi par le froid de la nuit.

Natasha baissa la glace, mit la tête à la portière et vit qu'on était à la porte d'une auberge. Le feltyègre était à la portière, attendant les ordres du général, qui ronflait encore.

« Où sommes-nous? Que demandez-vous, feltyègre? dit Natasha à voix basse et avec son aimable sourire.

LE FELTYÈGRE.

Natalia Dmitrievna, je voudrais savoir si on s'arrête ici pour prendre le café et se reposer un instant.

NATASHA.

Moi, je ne demande pas mieux : j'ai faim et j'ai les jambes fatiguées; mais mon oncle et maman dorment. Madame Dérigny!... Ah! voici M. Jackson! Faut-il descendre? Qu'en pensez-vous?

JACKSON.

Si vous êtes fatiguée, mademoiselle, et si vous avez faim, la question est décidée.

NATASHA.

Il ne faut pas penser à moi, il faut penser à mon oncle et à maman. »

Pour toute réponse, Jackson passa son bras par la glace baissée et poussa légèrement le général, qui s'éveilla.

NATASHA.

Pourquoi éveillez-vous grand-père? C'est mal à vous, monsieur Jackson ; très mal. »

Le général parut surpris.

ROMANE.

Monsieur le comte, faut-il s'arrêter ici pour déjeuner? Le feltyègre attend vos ordres. Mlle Natalia a faim et elle a mal aux jambes, ajouta-t-il en souriant.

LE GÉNÉRAL.

Alors arrêtons, arrêtons! que diantre! Je ne veux pas tuer ma pauvre Natasha. Et puis, ajouta-t-il en riant, moi-même je ne serai pas fâché de manger un morceau et de me dégourdir les jambes. Ouvrez, feltyègre. »

La portière s'ouvrit, Natasha sauta à terre; puis

elle et Romane aidèrent le général à descendre posément et, après lui, Mme Dabrovine, que Natasha avait embrassée et mise au courant. La seconde berline, de laquelle sortaient des voix confuses entremêlées de rires, se vida également de son contenu.

Natasha les interrogea sur leur nuit; ils racontèrent leur bataille d'oreillers, dirent bonjour à leur mère, à leur oncle et à Mme Dérigny, et firent une invasion bruyante dans l'auberge, déjà prête à les recevoir. Mme Dérigny, en causant avec son mari, dont elle avait été préoccupée toute la nuit, apprit avec chagrin qu'il avait souffert du froid à la fin de la nuit, malgré châles et manteaux. Dérigny plaisanta de ces inquiétudes et assura que devant Sébastopol il avait bien autrement souffert du froid. Mme Dérigny, avant de se rendre près de Mme Dabrovine et de Natasha pour aider à leur toilette, trouva moyen de dire à l'oreille du général que Dérigny avait eu froid la nuit, mais qu'il ne voulait pas en parler.

« Merci, ma bonne madame Dérigny, dit le général; soyez tranquille pour la nuit qui vient : il n'aura pas froid; envoyez-moi le feltyègre. »

Le feltyègre ne tarda pas à arriver.

« Courez dans la ville, feltyègre, et achetez-moi un bon manteau de drap gris, bien chaud et bien grand. Payez ce que vous voudrez, le prix n'y fait rien. »

Au bout d'une demi-heure, le feltyègre revenait

avec un manteau de drap gris, doublé de renard blanc et de taille à envelopper le général lui-même.

« Combien? dit le général.

— Cinq cents roubles, répondit avec hésitation le feltyègre, qui l'avait eu pour trois cents.

— D'où vient-il?

— D'un juif, qui l'a acheté il y a trois ans, à un Polonais envoyé en Sibérie.

— Tenez, voilà six cents roubles; payez et gardez le reste. »

Il y avait trois quarts d'heure que chacun procédait à sa toilette et prenait un peu d'exercice, lorsque le feltyègre et Dérigny apportèrent dans le salon, où se tenait le général, du thé, du café, du pain, des *kalatche*, du beurre et une jatte de crème.

On attendit que le général et Mme Dabrovine fussent à table pour prendre chacun sa place et sa tasse. La consommation fut effrayante; la nuit avait si bien aiguisé les appétits, que Dérigny ne pouvait suffire au renouvellement des assiettes et des tasses vides, et qu'il dut appeler sa femme pour l'aider. Ils allèrent manger à leur tour avec Jacques, et Paul; et, quand les repas furent terminés, le feltyègre alla faire atteler.

« Jackson, mon ami, dit le général, je veux faire une surprise à Dérigny; prenez ce manteau et mettez-le sur le siège de la voiture. »

Jackson s'approcha du canapé où était le manteau et voulut le prendre; mais à peine l'eut-il re-

La consommation fut effrayante.

gardé, qu'il pâlit, chancela et tomba sur le canapé.

« Le général seul s'aperçut de ce saisissement.

« Quoi! qu'est-ce, mon ami?... Romane, mon ami, réponds.... Je t'en supplie.... Qu'as-tu?

ROMANE.

C'est mon manteau que j'ai vendu en passant ici, prisonnier, enchaîné, forçat. Les froids étaient passés; je l'ai vendu à un juif, ajouta à voix basse Romane encore tremblant d'émotion à ce nouveau souvenir de son passage.

LE GÉNÉRAL.

Remets-toi; courage, mon ami.... Si on te voyait ainsi ému, la curiosité serait excitée. »

Romane serra la main de son ami, qui l'aida à se relever. En prenant le manteau, il faillit le laisser échapper. Craignant d'avoir été vu par les enfants, qui jouaient au bout du salon, il leva les yeux et rencontra le regard inquiet et triste de Natasha, qui l'examinait depuis longtemps. La pâleur de Romane devint livide. Natasha s'approcha de lui, prit et serra sa main glacée.

« Mon cher monsieur Jackson, dit-elle à voix basse, vous êtes inquiet? Vous craignez que je ne parle, que je n'interroge? Vous avez un secret pénible; je le devine, enfin; mais, soyez sans inquiétude, jamais je ne laisserai échapper un mot qui puisse vous compromettre.

— Chère enfant, vous avez toute ma reconnaissante amitié et toute mon estime », répondit de même Romane.

Le général la serra dans ses bras.

« Partons, dit-il, allons, vous autres grands garçons, venez aider notre ami Jackson à porter ce grand manteau. »

Les enfants se jetèrent sur ce manteau et le traînèrent plus qu'ils ne le portèrent jusqu'à la voiture.

« Tenez, mon ami, dit le général à Dérigny, voilà de quoi vous réchauffer la nuit qui vient.

— Mon général, vous êtes trop bon, et ma femme est une indiscrète », répondit Dérigny en souriant.

Et il salua respectueusement le général en menaçant sa femme du doigt.

Le voyage continua gaiement et heureusement jusqu'à la frontière, où les formalités d'usage s'accomplirent promptement et facilement, grâce à l'intervention du feltyègre, qui devait recevoir sa paye quand la frontière serait franchie; la générosité du général dépassa ses espérances; le passeport anglais non visé de Jackson aurait souffert quelques difficultés sans les ordres et les menaces du feltyègre; c'est pourquoi la bourse du général s'était ouverte si largement pour lui.

Aux premiers moments qui suivirent le passage de la frontière, personne, dans la première berline, ne dit un mot ni ne bougea. Mais, quand Romane et le général furent bien assurés de l'absence de tout danger, le général tendit la main à son jeune ami.

« Sauvé! mon enfant, sauvé! dit-il avec un accent pénétré.

Les enfants se jetèrent sur ce manteau et le traînèrent plus qu'ils ne le portèrent.

— Cher et respectable ami, dit Romane en se jetant dans les bras du général, qui le serrait contre son cœur et qui essuyait ses yeux humides; cher comte, cher ami! reprit Romane en se rejetant à sa place le visage baigné de larmes, pardonnez,... oh! pardonnez-moi ces larmes indignes d'un homme! Mais... j'ai trop souffert pendant ce voyage; trop! trop! Je suis à bout de forces! »

Mme Dabrovine serrait aussi la main de Romane et pleurait. Natasha, stupéfaite, regardait, écoutait et ne comprenait pas.

« Maman, dit-elle, maman! Qu'est-ce? Pourquoi pleurez-vous? Qu'est-il arrivé à ce pauvre M. Jackson?

— Pauvre, dites heureux comme un roi, ma chère, excellente enfant, s'écria Romane en serrant le bras de Natasha à la faire crier.... Pardon, pardon, ma chère demoiselle, je ne sais plus ce que je dis, ce que je fais. Pensez donc! ne plus avoir en perspective cette Sibérie, enfer des vivants! Ne plus avoir d'inquiétudes pour vous tous, que j'aime, que je vénère! Me trouver en sûreté! et avec vous! près de vous! Libre, libre! Plus de Jackson! plus d'Angleterre!... La Pologne! ma mère, ma sainte, ma catholique patrie! Comprenez-vous ma joie, mon bonheur? Chère enfant, vous qui êtes si bonne, réjouissez-vous avec moi. »

La surprise de Natasha redoublait. Ses grands yeux bleus, démesurément ouverts, se portaient alternativement sur Romane, sur sa mère, sur son oncle.

« Polonais! dit-elle enfin. Polonais! vous Polonais! vous qui vous fâchiez quand on vous appelait Polonais!

ROMANE.

Je ne me fâchais pas, mademoiselle : je tremblais d'être découvert, et votre pitié pour mes chers compatriotes m'attendrissait jusqu'au fond de l'âme.

NATASHA.

Je ne comprends pas très bien, mais je suis contente que vous soyez Polonais et catholique : c'était une peine pour moi de vous croire Anglais et protestant.

LE GÉNÉRAL.

Tu vas comprendre en deux mots, ma Natasha chérie. Je te présente mon ami, mon ancien aide de camp en Circassie, mon sauveur dans un rude combat, le prince Romane Pajarski, échappé de Sibérie où il travaillait aux mines depuis deux ans, accusé d'avoir conspiré pour la Pologne contre la Russie. »

Natasha sauta de dessus sa banquette, fixa des yeux étonnés sur le prince Pajarski, qui les voyait se remplir de larmes; puis elle se détourna, cacha son visage dans ses mains et éclata en sanglots.

« Natasha, mon enfant, dit la mère en l'attirant dans ses bras, calme-toi; pourquoi ces larmes, ces sanglots?

NATASHA.

Oh! maman, maman! Ce pauvre homme! Ce pauvre prince! Comme il a souffert! C'est horrible!

horrible ! Et moi qui le traitais si familièrement ! J'ai dû le faire souffrir bien des fois !

ROMANE.

Vous, chère enfant ? Vous avez été ma principale joie, ma plus grande consolation.

— Vraiment ? dit Natasha en relevant la tête et en le regardant d'un air joyeux. Je vous remercie de me le dire, et je suis bien contente d'avoir un peu adouci votre position. »

Et ses larmes recommencèrent à couler.

LE GÉNÉRAL.

Ne pleure plus, ma Natasha. Le voilà heureux, tu vois bien ; et nous aussi, nous sommes tous libres et heureux. »

Après quelque temps donné aux émotions de ce grand événement, chacun reprit son calme, et Natasha demanda au prince Romane des détails sur son arrestation, sa condamnation, ses souffrances en Sibérie et sa fuite.

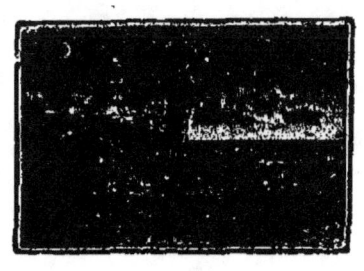

Pendant que ces événements s'expliquent, nous retournerons à Gromiline, et nous ferons une visite à Mme Papofski.

XV

LA LAITIÈRE ET LE POT AU LAIT

Après le départ de son oncle, Mme Papofski se sentit saisie d'une joie folle.

« Ils sont bien réellement partis ! se disait-elle. Je reste souveraine maîtresse de Gromiline et de toutes les terres de mon oncle. Je tirerai le plus d'argent possible de ces misérables paysans, paresseux et ivrognes, et de ces coquins d'intendants, voleurs et menteurs. J'ai soixante mille roubles de revenu à moi; mais six cent mille ! Voilà une fortune qui m'aidera à augmenter la mienne! D'abord j'enverrai le moins d'argent possible à mon oncle, s'il m'en demande,... peut-être pas du tout, puisqu'il m'a dit qu'il avait gardé les capitaux pour ses favoris Dabrovine et Dérigny. Je ferai fouetter tous les paysans pour leur faire augmenter leur *abrock*[1] de dix roubles à cent roubles. Je vendrai tous les *dvarovoï*[2], les hommes, les femmes, les enfants; mon oncle en a des quantités; je les vendrai tous, excepté peut-être quelques enfants que je garderai pour amuser les miens. Il faut bien que mes garçons apprennent à fouetter eux-mêmes leurs gens; ces enfants serviront à cela. Quand on fait fouetter, on est si souvent trompé! Entre amis et parents, ils se ménagent! Vous croyez notre homme puni; pas du tout! à peine s'il a la peau rouge! C'est mon mari qui savait faire fouetter! Quand il s'y mettait, le fouetté sortait d'entre ses mains comme une écrevisse.... Mon oncle gâtait ses gens; il faut que je remette tout cela en ordre.... Ce Vassili! il se repentira de n'avoir pas obéi à mes volontés en cachette de mon oncle.... Commençons par lui.... Vassili! Vassili!... Où est-il? Mashka, va me chercher cet animal de Vassili qui ne vient pas quand je l'appelle. »

La pauvre fille courut à toutes jambes chercher Vassili, et revint tremblante dire à sa maîtresse que Vassili était sorti et qu'on ne le retrouvait pas.

Les yeux de Mme Papofski flamboyaient.

« Sorti! sorti sans ma permission! Mais c'est impossible! Tu es une sotte: tu as mal cherché! Cours

---

1. Redevance ou fermage que payent les paysans quand on leur abandonne la culture des terres.
2. Les *dvarovoï* sont les paysans qui ont été attachés au service particulier des maîtres. Leurs familles ont à jamais le privilège de ne plus travailler la terre et d'être nourries et logées par le maître.

LA LUMIÈRE ET LE POT AU LAIT

Mme Papofski se sentit saisie d'une joie folle. (Page 253.)

vite, et si tu ne me le ramènes pas, prends garde à ta peau. »

La malheureuse Mashka courut encore de tous côtés, et, n'osant revenir seule, elle ramena Nikita, le maître d'hôtel.

« Et Vassili? cria Mme Papofski quand elle les vit entrer.

NIKITA.

Vassili est sorti, Maria Pétrovna.

MADAME PAPOFSKI.

Comment a-t-il osé sortir?

NIKITA.

Il est allé à la ville pour chercher une place. »

Mme Papofski resta muette de surprise et de colère.

Le maître d'hôtel continua, en la regardant avec une joie malicieuse :

« M. le comte nous ayant donné la liberté à tous, nous tâchons de nous pourvoir à Smolensk. Moi, je compte aller à Moscou, ainsi que les cochers et les laquais, d'après les ordres de M. le général Négrinski, qui veut nous avoir.

MADAME PAPOFSKI.

La liberté!... Mon oncle!... Sans me rien dire!... Mais vous êtes fou!... C'est impossible? Vous ne savez donc pas que c'est moi qui suis votre maîtresse, que j'ai tout pouvoir sur vous, que je peux vous faire fouetter à mort.

NIKITA.

M. le comte nous a donné la liberté, Maria Pétrovna ! Personne n'a de droit sur nous que notre père l'empereur, le gouverneur et le capitaine ispravnik¹. »

La colère de Mme Papofski redoublait ; elle ne voyait aucun moyen de se faire obéir. Nikita sortit ; Mashka s'esquiva ; Mme Papofski resta seule à ruminer son désappointement. Elle finit par se consoler à moitié en songeant à l'abrock de cent roubles par tête qu'elle ferait payer à ses six mille paysans de Gromiline et à tous les paysans de ses autres propriétés nouvelles.

On lui prépara son déjeuner comme à l'ordinaire ; quoique mécontente de tout et de tout le monde, elle n'osa pas le témoigner, de peur que les cuisiniers ne fissent comme les autres domestiques, et qu'elle ne trouvât plus personne pour la servir.

Les enfants portèrent le poids de sa colère ; elle tira les cheveux, les oreilles des plus petits, donna des soufflets et des coups d'ongles aux plus grands, les gronda tous, sans oublier les bonnes, qui eurent aussi leur part des arguments *frappants* de leur maîtresse. Ainsi se passa le premier jour de son entrée en possession de Gromiline et de ses dépendances.

Les jours suivants, elle se promena dans ses bois, dans ses prés, dans ses champs, en admira la beauté et l'étendue ; marqua, dans sa pensée, les arbres qu'elle voulait vendre et couper ; parcourut les villages ; parla aux paysans avec une

---

1. Espèce de juge de paix, de commissaire de police, qui a des pouvoirs très étendus.

dureté qui les fit frémir et qui leur fit regretter d'autant plus leur ancien maître; le bruit de la donation de Gromiline à Mme Papofski s'était répandu et avait jeté la consternation dans tous les esprits et le désespoir dans tous les cœurs. Elle leur disait à tous que l'abrock serait décuplé; qu'elle ne serait pas si bête que son oncle, qui laissait ses paysans s'enrichir à ses dépens. Quelques-uns osèrent lui faire quelques représentations ou quel-

Mme Papofski poussa un cri de rage. (Page 260.)

ques sollicitations; ceux-là furent désignés pour être fouettés le lendemain. Mais, quand ils arrivèrent dans la salle de punition, leur *staroste*[1], qui les avait accompagnés, produisit un papier qu'il avait reçu du capitaine ispravnik, et qui contenait la défense absolue, faite à Mme Papofski, d'employer aucune punition corporelle contre les paysans du général comte Dourakine : ni fouet, ni bâton, ni cachot, ni privation de boisson et de nourriture,

---

1. *Ancien*, nommé par les paysans pour faire la police dans le village, régler les différends et prendre leurs intérêts. On se soumet toujours aux décisions du *staroste* ou *ancien*.

ni enfin aucune torture corporelle, sous peine d'annuler tout ce que le comte avait concédé à sa nièce.

Mme Papofski, qui était présente avec ses trois aînés pour assister aux exécutions, poussa un cri de rage, se jeta sur le staroste pour arracher et mettre en pièces ce papier maudit; mais le staroste l'avait prestement passé à son voisin, qui l'avait donné à un autre, et ainsi de suite, jusqu'à ce que le papier eût disparu et fût devenu introuvable.

« Maria Pétrovna, dit le staroste avec un sourire fin et rusé, l'acte signé de M. le comte est entre les mains du capitaine ispravnik; il ne m'a envoyé qu'une copie. »

Le staroste sortit après s'être incliné jusqu'à terre; les paysans en firent autant, et tous allèrent au cabaret boire à la santé de leur bon M. le comte, de leur excellent maître.

Mme Papofski resta seule avec ses enfants, qui, effrayés de la colère contenue de leur mère, auraient bien voulu s'échapper; mais le moindre bruit pouvait attirer sur leurs têtes et sur leurs épaules l'orage qui n'avait pu encore éclater. Ils s'étaient éloignés jusqu'au bout de la salle, et s'étaient rapprochés de la porte pour pouvoir s'élancer dehors au premier signal.

Une dispute s'éleva entre eux à qui serait le mieux placé, la main sur la serrure; le bruit de leurs chuchotements amena le danger qu'ils redoutaient. Mme Papofski se retourna, vit leurs visages terrifiés, devina le sujet de leur querelle et, saisissant le *plette* (fouet) destiné à faire sentir aux malheureux paysans le joug de leurs nouveaux maîtres, elle courut à eux et eut le temps de .tribuer quelques coups de ce redoutable fouet avant que leurs mains tremblantes eussent pu ouvrir la porte, et que leurs jambes, affaiblies par la terreur, les eussent portés assez loin pour fatiguer la poursuite de leur mère.

Mme Papofski s'arrêta haletante de colère, laissa tomber le fouet, et réfléchit aux moyens de s'affranchir de la défense de son oncle.

Après un temps assez considérable passé dans d'inutiles colères et des résolutions impossibles à effectuer, elle se décida à aller à Smolensk, à voir le capitaine ispravnik, et à chercher à le corrompre en lui offrant des sommes considérables pour déchirer les actes par lesquels le comte Dourakine donnait la liberté à ses gens et défendait à sa nièce d'infliger aucune punition corporelle à ses paysans, ce qui serait un obstacle à l'augmentation de l'abrock, etc.  Elle rentra au château, assez calme en apparence, ne s'occupa plus de ses enfants, et ordonna au cocher d'atteler quatre chevaux à la petite calèche de son oncle. Une heure après, elle roulait sur la route de Smolensk au grand galop des chevaux.

XVI

VISITE QUI TOURNE MAL

Le capitaine ispravnik était chez lui et ne fut pas surpris de la visite de Mme Papofski, car il connaissait toute l'étendue de ses pouvoirs, la terreur qu'il inspirait, et la soumission que chacun était tenu d'apporter à ses volontés et à ses ordres. Il était très bien avec le gouverneur, qui le croyait un homme rigide, sévère, mais honnête et incorruptible, de sorte que les décisions de ce terrible capitaine ispravnik étaient sans appel. C'était un homme d'un aspect dur et sévère. Il était grand, assez gros, roux de chevelure et rouge de peau; son regard perçant et rusé effrayait et repoussait. Ses manières et son langage mielleux augmentaient cette répulsion. Mme Papofski le voyait pour la première fois. Il la fit entrer dans son cabinet.

« Yéfime Vassiliévitche, lui dit-elle en entrant,

c'est à vous que mon oncle a remis les papiers par lesquels il donne la liberté à tous ses gens?

LE CAPITAINE ISPRAVNIK.

Oui, Maria Pétrovna, ils sont entre mes mains.

MADAME PAPOFSKI.

Et ne peuvent-ils pas en sortir?

LE CAPITAINE ISPRAVNIK.

Impossible, Maria Pétrovna.

MADAME PAPOFSKI.

C'est pourtant bien ennuyeux pour moi, Yéfime Vassiliévitche; tous ces dvarovoï sont si impertinents, si mauvais, qu'on ne peut pas s'en faire obéir quand ils se sentent libres.

LE CAPITAINE ISPRAVNIK.

Je ne dis pas non, Maria Pétrovna; mais, que voulez-vous, la volonté de votre oncle est là.

MADAME PAPOFSKI.

Mais... vous savez que mon oncle m'a donné toutes les terres qu'il possède.

LE CAPITAINE ISPRAVNIK.

C'est possible, Maria Pétrovna, mais cela ne change rien à la liberté des dvarovoï.

MADAME PAPOFSKI.

Ces terres se montent à plusieurs millions!... Il y a six mille paysans! »

Le capitaine ispravnik s'inclina et garda le silence en regardant Mme Papofski avec un sourire méchant.

MADAME PAPOFSKI, *après un silence.*

Je n'ai pas besoin de tout garder pour moi; je

donnerais bien quelques dizaines de mille francs pour avoir ce papier de mon oncle et celui qui m'interdit de faire fouetter les paysans. »

Le capitaine ispravnik ne dit rien.

MADAME PAPOFSKI, *l'observant*.

Je donnerais cinquante mille roubles pour avoir ces actes.

LE CAPITAINE ISPRAVNIK.

C'est très facile, Maria Pétrovna ; je vais appeler mon scribe pour qu'il vous en fasse une copie ; cela vous coûtera vingt-cinq roubles. »

Mme Papofski se mordit les lèvres et dit après un assez long silence et avec quelque hésitation :

« Ce n'est pas une copie que je voudrais avoir,... mais l'acte lui-même.

LE CAPITAINE ISPRAVNIK.

Ceci est impossible, Maria Pétrovna.

MADAME PAPOFSKI.

Et pourtant je donnerais soixante mille, quatre-vingt mille roubles,... cent mille roubles.... Comprenez-vous, Yéfime Vassiliévitche?... cent mille roubles!...

— Je comprends, Maria Pétrovna, répondit le capitaine ispravnik. Vous m'offrez cent mille roubles pour détruire ces papiers que votre oncle m'a confiés?... Ai-je compris? »

Mme Papofski répondit par une inclination de tête.

LE CAPITAINE ISPRAVNIK.

Mais à quoi me serviront ces cent mille roubles, si on m'envoie en Sibérie?

MADAME PAPOFSKI.

Comment pourriez-vous être condamné, puisque les actes seraient brûlés?

LE CAPITAINE ISPRAVNIK.

Et les copies que j'ai remises à votre staroste et à vos dvarovoï? »

Mme Papofski demeura pétrifiée; elle avait oublié la copie que lui avait fait voir le staroste.

LE CAPITAYNE ISPRAVNIK.

Il m'est donc prouvé que vous désirez racheter ces actes, mais que vous ne savez comment faire, et que si je vous indiquais un moyen, vous me le payeriez cent mille roubles.

— Cent mille roubles,... plus si vous voulez! s'écria Mme Papofski.

LE CAPITAINE ISPRAVNIK.

Alors il me reste un devoir à remplir : c'est de faire au général prince gouverneur un rapport sur l'offre déshonorante que vous osez me faire, et qui vous mènera en Sibérie ou tout au moins dans un couvent pour faire pénitence : ce qui n'est pas agréable; on y est fouetté tous les jours et plus maltraité que ne le sont vos domestiques et vos paysans.

MADAME PAPOFSKI, *terrifiée*.

Au nom de Dieu, ne faites pas une si méchante action, mon cher Yéfime Vassiliévitche. Tout cela n'était pas sérieux.

LE CAPITAINE ISPRAVNIK.

C'était sérieux, Maria Pétrovna, dit l'ispravnik

avec rudesse, et si sérieux, qu'il vous faudrait me donner plus de cent mille roubles pour me le faire oublier.

MADAME PAPOFSKI.

Plus de cent mille roubles!... Mais c'est af-

« Je vous donnerai cent mille roubles,... cent vingt mille. » (P. 268.)

freux!... M'extorquer plus de cent mille roubles pour ne pas porter contre moi une plainte horrible!

LE CAPITAINE ISPRAVNIK.

Vous vouliez tout à l'heure me donner la même

somme pour avoir le plaisir de fouetter vos paysans et vos dvarovoï et leur extorquer un abrock énorme : vous pouvez bien la doubler pour avoir le plaisir de ne pas être fouettée vous-même tous les jours pendant deux ou trois ans pour le moins.

MADAME PAPOFSKI.

C'est abominable! c'est infâme!

LE CAPITAINE ISPRAVNIK.

Abominable, infâme, tant que vous voudrez, mais vous ne sortirez pas d'ici avant de m'avoir souscrit une obligation de deux cent mille roubles remboursables en deux ans, par moitié, au bout de chaque année,... sinon, je fais atteler mon droshki et je vais déposer ma plainte chez le prince gouverneur.

— Non, non, au nom de Dieu, non. Mon bon Yéfime Vassiliévitche, ayez pitié de moi, s'écria Mme Papofski en se jetant à genoux devant le capitaine ispravnik triomphant; diminuez un peu; je vous donnerai cent mille roubles,... cent vingt mille, ajouta-t-elle.... Eh bien! cent cinquante mille! »

Le capitaine ispravnik se leva.

« Adieu, Maria Pétrovna; au revoir dans quelques heures; un officier de police m'accompagnera avec deux soldats; on vous mènera à la prison.

— Grâce, grâce!... dit Mme Papofski, se prosternant devant l'ispravnik. Je vous donnerai... les deux cent mille roubles que vous exigez.

— Mettez-vous là, Maria Pétrovna, dit le capitaine ispravnik montrant le fauteuil qu'il venait de quitter; vous allez signer le papier que je vais préparer. »

Le capitaine ispravnik eut bientôt fini l'acte, que signa la main tremblante de Maria Pétrovna.

« Partez à présent, Maria Pétrovna, et si vous dites un mot de ces deux cent mille roubles, je vous fais enlever et disparaître sans que personne puisse jamais savoir ce que vous êtes devenue; c'est alors que vous feriez connaissance avec le fouet et avec la Sibérie. »

Le capitaine ispravnik la salua, ouvrit la porte; au moment de la franchir, elle se retourna vers lui, le regarda avec colère.

« Misérable, dit-elle tout haut, sans voir quelques hommes rangés au fond de la salle.

— Vous outragez l'autorité, Maria Pétrovna! Ocipe, Feudore, prenez cette femme et menez-la dans le salon privé. »

Malgré sa résistance, Mme Papofski fut enlevée par ces hommes robustes qu'elle n'avait pas aperçus, et entraînée dans un salon petit, mais d'apparence assez élégante. Quand elle fut au milieu de ce salon, elle se sentit descendre par une trappe à peine assez large pour laisser passer le bas de son corps; ses épaules arrêtèrent la descente de la trappe; terrifiée, ne sachant ce qui allait lui arriver, elle voulut implorer la pitié des deux hommes qui l'avaient amenée, mais ils étaient disparus; elle était seule. A peine commençait-elle à s'inquiéter de sa position, qu'elle en comprit toute l'horreur, elle se sentit fouettée comme elle aurait voulu voir fouetter ses paysans. Le supplice fut court, mais terrible. La trappe remonta; la porte du petit salon s'ouvrit.

« Vous pouvez sortir, Maria Pétrovna », lui dit le capitaine ispravnik qui entrait, en lui offrant le bras d'un air souriant.

Elle aurait bien voulu l'injurier, le souffleter, l'étrangler, mais elle n'osa pas et se contenta de passer devant lui sans accepter son bras.

« Maria Pétrovna, lui dit le capitaine ispravnik en l'arrêtant, j'ai eu l'honneur de vous offrir mon bras; est-ce que vous voudriez recommencer une querelle avec moi?... Non, n'est-ce pas?... Ne sommes-nous pas bons amis? ajouta-t-il avec un sourire charmant. Allons, prenez mon bras : j'aurai l'honneur de vous conduire jusqu'à votre voiture. Ne mettons pas le public dans nos confidences; tout cela doit rester entre nous. »

Mme Papofski, encore tremblante, fut obligée d'accepter le bras de son ennemi, qui lui parla de la façon la plus gracieuse; elle ne lui répondait pas.

LE CAPITAINE ISPRAVNIK, *bas et familièrement.*

Vous me direz bien quelques paroles gracieuses, ma chère Maria Pétrovna, devant tous ces gens qui nous regardent. Un petit sourire, Maria Pétrovna, un regard aimable : sans quoi je devrai vous faire faire connaissance avec un autre petit salon très gentil, bien plus agréable que celui que vous connaissez; on y reste plus longtemps... et on en sort toujours pour se mettre au lit.

Elle se sentit fouettée.

— J'ai hâte de m'en retourner chez moi, Yéfime Vassiliévitche, répondit Mme Papofski en le regardant avec le sourire qu'il réclamait; j'ai été déjà bien indiscrète de vous faire une si longue visite.

— J'espère qu'elle vous a été agréable, chère Maria Pétrovna, comme à moi.

— Certainement, Yéfime Vassiliévitche... (dites *mon cher* Yéfime Vassiliévitche, lui dit à l'oreille le capitaine ispravnik), mon cher Yéfime Vassiliévitche, répéta Mme Papofski. (Demandez-moi à venir vous voir, continua son bourreau.) Venez donc me voir à Gromiline... (*mon cher*, dit l'ispravnik), mon cher.... Ah!... ah! je meurs! »

Et Mme Papofski tomba dans les bras du capitaine ispravnik. L'effort avait été trop violent; elle perdit connaissance. Le capitaine ispravnik la coucha dans sa voiture, fit semblant de la plaindre, de s'inquiéter, et ordonna au cocher de ramener sa maîtresse le plus vite possible, parce qu'elle avait besoin de repos. Le cocher fouetta les chevaux, qui partirent ventre à terre.

« Bonne journée! se dit le capitaine ispravnik. Deux cent mille roubles! Ah! ah! ah! la Papofski! comme elle s'est laissé prendre! j'irai la voir; si je pouvais lui extorquer encore quelque chose! Je verrai, je verrai. »

Le mouvement de la voiture, les douleurs qu'elle ressentait et le grand air firent revenir Mme Papofski de son évanouissement. Elle se remit avec peine sur la banquette de laquelle elle avait glissé, et se livra aux plus amères réflexions et aux plus terribles colères jusqu'à son retour à Gromiline. Elle se coucha en arrivant, prétextant une migraine pour ne pas éveiller la curiosité des do-

Et Mme Papofski tomba dans les bras du capitaine.

mestiques, et resta dans son lit trois jours entiers. Le quatrième jour, quand elle voulut se lever, un mouvement extraordinaire se faisait entendre dans la maison.

XVII

PUNITION DES MÉCHANTS

Mme Papofski passa un peignoir, appela ses femmes, qui ne répondirent pas à son appel, ses enfants, qui avaient également disparu, et se décida à aller voir elle-même quelle était la cause du tumulte qu'elle entendait de tous côtés. Dans le premier salon il n'y avait personne; dans le second salon elle vit une multitude de caisses et de malles; elle entra dans la salle de billard et vit, avec une surprise mêlée de crainte, plusieurs hommes, parmi lesquels elle reconnut le capitaine ispravnik; ils causaient avec animation. En reconnaissant le capitaine ispravnik, elle ne put retenir un cri d'effroi; venait-il l'arrêter et l'emmener en prison? Chacun se retourna; un des hommes s'approcha d'elle, la salua, et lui demanda si elle était Maria Pétrovna Papofski.

« Oui, répondit-elle d'une voix étouffée par l'émotion, je suis la nièce du général comte Dourakine.

— Je suis le général Négrinski, Maria Pétrovna, et je viens, selon le désir de votre oncle, prendre possession de la terre de Gromiline, aujourd'hui 10 mai.

MADAME PAPOFSKI, *effrayée*.

La terre de Gromiline!... Mais... c'est moi qui....

LE GÉNÉRAL NÉGRINSKI.

C'est moi qui ai acheté la terre de Gromiline, Maria Pétrovna. Cette nouvelle paraît vous surprendre; je l'ai achetée il y a deux mois, et payée comptant, cinq millions; l'acte est entre les mains du capitaine ispravnik, qui devait tenir l'affaire secrète jusqu'à mon arrivée. Je viens aujourd'hui m'y installer, comme j'ai eu l'honneur de vous le dire, et vous prier de retourner chez vous, comme me l'a prescrit le comte Dourakine. »

Mme Papofski voulut parler; aucun son ne put sortir de ses lèvres décolorées et tremblantes; elle devint pourpre; ses veines se gonflèrent d'une manière effrayante; ses yeux semblaient vouloir sortir de leurs orbites.

Le prince Négrinski la regardait avec surprise; il voulut la rassurer, lui dire un mot de politesse, mais il n'eut pas le temps d'achever la phrase commencée : elle poussa un cri terrible et tomba en convulsions sur le parquet.

Le prince Négrinski la fit relever et reporter

dans sa chambre, où il la fit remettre entre les mains de ses femmes, qu'on avait retrouvées dans la cour avec les enfants. Il continua ses affaires avec le capitaine ispravnik, qui s'inclinait basse-

Elle tomba en convulsions sur le parquet.

ment devant un général aide de camp de l'empereur, et il acheva de s'installer paisiblement à Gromiline, à la grande satisfaction des paysans, qui avaient eu pendant quelques jours la crainte d'appartenir à Mme Papofski.

Il était impossible de faire partir Mme Papofski dans l'état où elle se trouvait; le prince donna des ordres pour qu'elle et ses enfants ne manquassent de rien; au bout de quelques jours, le mal avait fait des progrès si rapides, que le médecin la déclara à toute extrémité; on fit venir le pope[1] pour lui administrer les derniers sacrements; quelques heures avant d'expirer, elle demanda à parler au prince Négrinski; elle lui fit l'aveu de ses odieux projets par rapport à son oncle et à sa sœur, confessa la corruption qu'elle avait cherché à exercer sur le capitaine ispravnik, raconta la scène qui s'était passée entre elle et lui, et l'accusa d'avoir causé sa mort en lui ôtant, par ces émotions multipliées, la force de supporter la dernière découverte de la perfidie de son oncle. Elle finit en demandant justice contre son bourreau.

Le général prince Négrinski, indigné, lui promit toute satisfaction; il se rendit immédiatement chez le prince gouverneur, qui l'accompagna à Gromiline : le gouverneur arriva assez à temps pour recevoir de la bouche de la mourante la confirmation du récit du prince Négrinski. Le capitaine ispravnik fut arrêté, mis en prison; on trouva dans ses papiers l'obligation de deux cent mille roubles; il fut condamné à être dégradé et à passer dix ans dans les mines de Sibérie.

1. Prêtre russe.

Ainsi finit Mme Papofski ; un acte de vengeance fut le dernier signal de son existence.

Ses enfants furent ramenés chez eux, où les attendait leur père.

Mme Papofski ne fut regrettée de personne ; sa mort fut l'heure de la délivrance pour ses enfants comme pour ses malheureux domestiques et paysans.

XVIII

RÉCIT DU PRINCE FORÇAT

Pendant que ces événements tragiques se passaient à Gromiline, le général et ses compagnons de route continuaient gaiement et paisiblement leur voyage. Le prince Romane raconta à Natasha les principaux événements de son arrestation, de sa reclusion, de son injuste condamnation, de son horrible voyage de forçat, de son séjour aux mines, et enfin de son évasion[1].

« J'avais donné un grand dîner dans mon château de Tchernoïgrobe, dit le prince Romane, à l'occasion d'une fête ou plutôt d'un souvenir national....

— Lequel? demanda Natasha.

---

1. Les passages les plus intéressants du récit qu'on va lire sont pris dans un livre historique plein de vérité et d'intérêt émouvant : *Souvenirs d'un Sibérien*.

— La défaite des Russes à Ostrolenka. Dans l'intimité du repas j'appris que plusieurs de mes amis organisaient un mouvement patriotique pour délivrer la Pologne du joug moscovite. Je blâmai leurs projets, que je trouvai mal conçus, trop précipités, et qui ne pouvaient avoir que de fâcheux résultats. Je refusai de prendre part à leur complot. Mes amis m'avaient quitté mécontents; fatigué de cette journée, je m'étais couché de bonne heure et je dormais profondément, lorsqu'une violente secousse m'éveilla. Je n'eus le temps ni de parler, ni d'appeler, ni de faire un mouvement : en un clin d'œil je fus bâillonné et solidement garrotté. Une foule de gens de police et de soldats remplissaient ma chambre; une fenêtre ouverte indiquait par où ils étaient entrés. On se mit à visiter tous mes meubles; on arracha même les étoffes du canapé et des fauteuils pour fouiller dans le crin qui les garnissait; on me jeta à bas de mon lit pour en déchirer les matelas; on ne trouva rien que quelques pièces de poésies que j'avais faites en l'honneur de ma patrie morcelée, opprimée, écrasée. Ces feuilles suffirent pour constater ma culpabilité. Je fus enveloppé dans un manteau de fourrure, le même qui m'a causé une si vive émotion à Gytomire.

— Ah! je comprends, dit Natasha; mais comment s'est-il trouvé à Gytomire?

— Quand le temps était devenu chaud, pendant mon long voyage de forçat, ce manteau gênait mes mouvements, déjà embarrassés par des fers pesants et trop étroits qu'on m'avait mis aux pieds, et je le vendis à un juif de Gytomire. On me passa par la fenêtre, on me coucha dans une *téléga* (charrette à quatre roues), et l'on partit d'abord au pas, puis, quand on fut loin du village, au grand galop des trois chevaux attelés à ma téléga.

« Alors on me délivra de mon bâillon ; je pus

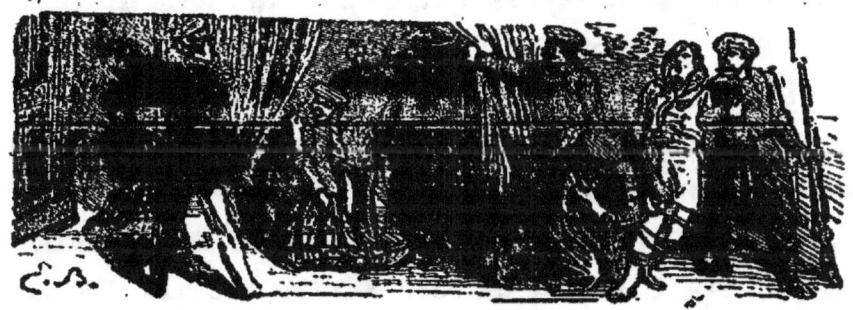

« En un clin d'œil je fus bâillonné et solidement garrotté. »

demander pour quel motif j'étais traité ainsi et par quel ordre.

« Par l'ordre de Son Excellence le prince gé-
« néral en chef, » me répondit un des officiers qui étaient assis sur le bord de la téléga, les jambes pendantes en dehors.

« — Mais de quoi m'accuse-t-on ? Qui est mon
« accusateur ?

« — Vous le saurez quand vous serez en pré-
« sence de Son Excellence. Nous autres, nous ne savons rien et nous ne pouvons rien vous dire.

« — C'est incroyable qu'on ose traiter ainsi un
« militaire, un homme inoffensif.

« — Taisez-vous, si vous ne voulez être bâil-
« lonné jusqu'à la prison. »

« Je ne dis plus rien ; nous arrivâmes à Varsovie à l'entrée de la nuit : le gouverneur était seul, il m'attendait.

« Mon interrogatoire fut absurde ; j'en subis plusieurs autres, et j'eus le tort de répondre ironiquement à certaines questions que m'adressaient mes juges et le gouverneur sur la conspiration qu'on avait découverte et qui n'existait que dans leur tête. Ils se fâchèrent ; le gouverneur me dit des grossièretés, auxquelles je répondis vivement, comme je le devais.

« — Votre insolence, me dit-il, démontre, mon-
« sieur, votre esprit révolutionnaire et la vérité
« de l'accusation portée contre vous. Sortez, mon-
« sieur ; demain vous ne serez plus le prince
« Romane Pajarski, mais le forçat n° ***. Vous le
« connaîtrez plus tard. »

« L'Excellence sonna, me fit emmener.

« Au cachot n° 17 », dit-il.

« On me traîna brutalement dans ce cachot, dont le souvenir me fait dresser les cheveux sur la tête ; c'est un caveau de six pieds de long, six pieds de large, six pieds de haut, sans jour, sans air ; un grabat de paille pourrie, infecte et remplie de vermine composait tout l'ameublement. Je mourais de faim et de soif, n'ayant rien pris depuis la veille. La soif surtout me torturait. On me laissa jusqu'au lendemain dans ce trou si infect, que

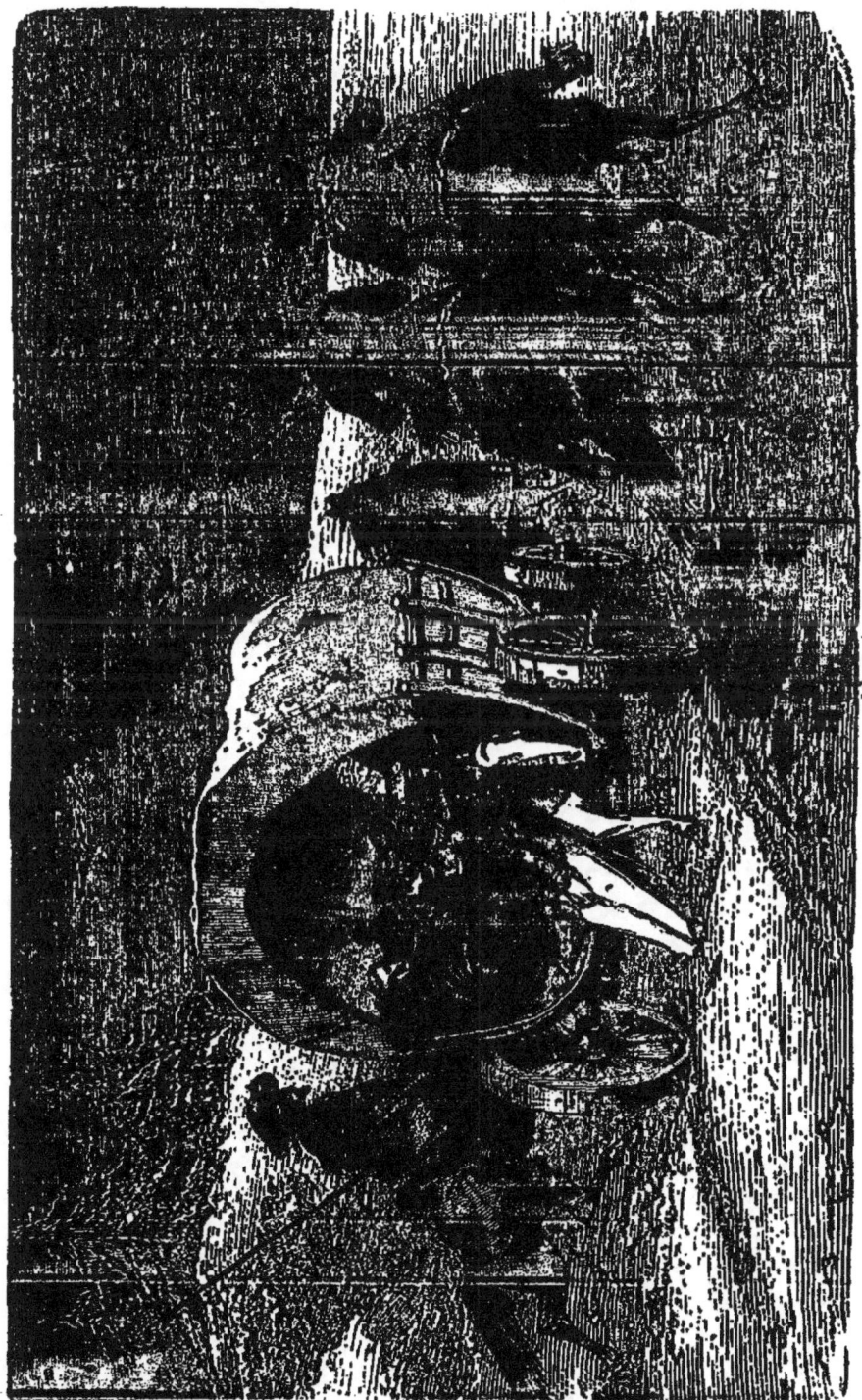

« Taisez-vous, si vous ne voulez être bâillonné jusqu'à la prison. »

lorsqu'on y entra pour me mettre les fers aux pieds et aux mains, les bourreaux reculèrent et déclarèrent qu'ils ne pouvaient pas me ferrer, faute de pouvoir respirer librement. On me poussa alors dans un passage assez sombre, mais aéré; en un quart d'heure mes chaînes furent solidement rivées.

« Les anneaux de mes fers se trouvèrent trop étroits; on me serra tellement les jambes et les poignets, que je ne pouvais plus me tenir debout ni me servir de mes mains; mes supplications ne firent qu'exciter la gaieté de mes bourreaux. Avant de me mettre les fers, on me lut mon arrêt; j'étais condamné à travailler aux mines en Sibérie pendant toute ma vie, et à faire le voyage à pied.

« Quand l'opération du ferrage fut terminée, on me força à regagner mon cachot; je tombais à chaque pas; j'y arrivai haletant, les pieds et les mains déjà gonflés et douloureux. Je m'affaissai sur ma couche infecte, mais je fus forcé de la quitter presque aussitôt, me sentant dévoré par la vermine qui la remplissait.

« Je me traînai sur mes genoux au bout de mon cachot; le sol, détrempé par l'humidité, me procura, en me glaçant, un autre genre de supplice, que je préférai toutefois au premier.

« Vous devinez sans peine les sentiments qui m'agitaient; au milieu de ma désolation, le souvenir de votre excellent oncle, de sa tendresse, de sa sollicitude pour mon bien-être me revint à la mémoire, et me fut une pensée consolante dans mon malheur. Je ne sais combien de temps je restai dans cette affreuse position ; je sentais mes forces s'épuiser, et, quand le gardien vint m'apporter une cruche d'eau et un morceau de pain, il me trouva étendu par terre sans connaissance ; il alla prévenir son chef, qui alla, de son côté, chercher des ordres supérieurs.

« — Qu'il crève ! qu'on le laisse où il est et comme « il est », répondit l'Excellence de la veille.

« Il paraît néanmoins que, sur les représentations d'un aide de camp de l'empereur, le général Négrinski, le même qui vient d'acheter Gromiline, qui paraît avoir des sentiments de justice et d'humanité, et qui se trouvait à Varsovie, envoyé par son maître, l'Excellence donna des ordres pour qu'on me changeât de cellule et pour qu'on m'ôtât mes fers.

« Quand je revins à moi, je me crus en paradis ; mes pieds et mes mains étaient libres, je me trouvais dans un cachot deux fois plus grand que le premier ; une fenêtre grillée laissait passer l'air et le jour ; de la paille fraîche sur des planches faisait un lit passable ; on me rendit mon manteau de fourrure pour me préserver du froid pendant mon sommeil. Mes vêtements, trempés par la boue du cachot précédent, avaient été remplacés par les habits de forçat que je ne devais plus quitter ; une chemise de grosse toile, une *touloupe*[1], de la chaus-

---

[1]. Pelisse en peau de mouton que portent les paysans ; le poil

sure en lanières d'écorce de bouleau, une bande de toile pour remplacer le bas et envelopper les jambes jusqu'aux genoux, où finissait la culotte

« Il me trouva étendu par terre sans connaissance. »

de grosse toile, et un bonnet de peau de mouton, me classaient désormais dans les forçats. J'étais seul, je ne comprenais pas d'où provenait cet heu-

est en dedans, la peau en dehors; l'été on le remplace par le *ca-fetane* en drap.

reux changement ; le gardien me l'expliqua le lendemain, et j'en remerciai bien sincèrement Dieu qui, par l'entremise du général Négrinski, avait touché en ma faveur ces cœurs fermés à tout sentiment de pitié.

« Je ne vous raconterai pas les détails de mes derniers jours de prison, ni de mon terrible voyage, un peu adouci par la compassion des gens du peuple qui nous voyaient passer et qui obtenaient la permission de nous donner des secours ; les uns nous offraient du pain, des gâteaux ; d'autres, du linge, des chaussures, des vêtements ; tous nous témoignaient de la compassion ; nous avions les fers aux pieds et aux mains ; nous étions enchaînés deux à deux.

« Je me trouvai avoir pour compagnon de chaîne un jeune homme de dix-huit ans qui avait chanté des hymnes à la patrie, qui s'était montré fervent catholique, qui avait fait des vœux pour la délivrance de la malheureuse Pologne. Il était fils unique, adoré par ses parents, et il pleurait leur malheur bien plus que le sien. Je le consolais et l'encourageais de mon mieux ; je sais que peu de temps après notre arrivée à Simbirsk il chercha à s'échapper et fut repris après une courte lutte dans laquelle il se défendit avec le courage du désespoir contre le lieutenant qui commandait le détachement envoyé à sa poursuite ; il fut ramené et knouté à mort. Il est maintenant près du bon Dieu, où il prie pour ses bourreaux.

« Notre voyage dura près d'un an ; plusieurs d'entre nous moururent en route ; on nous forçait à traîner le mourant et quelquefois son cadavre jusqu'à la prochaine couchée. Les coups de fouet

« Je me trouvai avoir pour compagnon de chaîne un jeune homme de dix-huit ans »

pleuvaient sur nous au moindre ralentissement de marche, au moindre signe d'épuisement et de désespoir. Jamais un acte de complaisance, un mot de pitié, un regard de compassion ne venait adoucir notre martyre.

« L'escorte nombreuse qui nous conduisait, qui nous chassait devant elle comme un troupeau de moutons, était tout entière sous le joug de la terreur : la dénonciation d'un camarade pouvait amener dans nos rangs de forçats le malheureux qui nous aurait témoigné quelque pitié, et chaque soldat redoublait de dureté pour se bien faire voir de ses chefs.

« Nous arrivâmes enfin à Ekatérininski-Zovod ; on nous mena devant le *smotritile* (surveillant), qui nous regarda longtemps, nous interrogea sur ce que nous savions faire, fit inscrire dans les premiers numéros ceux qui savaient lire, écrire, compter. Il me questionna longuement, parut content de ma science, et me désigna pour travailler aux travaux de routes et de constructions. On nous ôta nos fers, et l'on indiqua à chacun le cachot de son numéro ; j'eus le numéro 1 ; on dit que j'étais le mieux partagé. C'était sale, petit, sombre, mais logeable ; il y avait de l'air suffisamment pour respirer ; du jour assez pour retrouver ses effets ; un lit passablement organisé pour y dormir ; un escabeau assez solide pour vous porter, et un baquet pour recevoir les eaux sales.

« Mes premiers jours de travail extérieur furent terribles ; on nous occupait exprès aux travaux les plus rudes ; on nous forçait à porter ou à tirer des poids énormes ; les coups de fouet n'étaient pas ménagés, et si une plainte, un gémissement nous échappait, il fallait subir le fouet en règle, et ensuite, avec les épaules déchirées, il fallait reprendre le travail interrompu par la punition. Dans la soirée, un autre supplice commençait pour moi; on profitait de mon savoir pour me faire faire le travail des bureaux; il fallait, en un temps toujours insuffisant, écrire ou copier un nombre de pages presque impossible. Et, quand on n'avait pas fini à l'heure voulue, la peine du fouet recommençait plus ou moins cruelle, selon l'humeur plus ou moins excitée du *smotritile*.

« J'eus le bonheur d'échapper en toute occasion à toute punition corporelle, à force de zèle et d'activité; mais il n'en fut pas ainsi de mes malheureux compagnons de travail. La nourriture était insuffisante et si mauvaise, qu'il fallait la faim qui nous torturait pour manger les aliments qu'on nous présentait.

XIX

ÉVASION DU PRINCE

« J'ai vécu ainsi pendant deux ans ; je n'eus, pendant ces deux années, d'autre espoir, d'autre désir, d'autre idée que de m'échapper de cet enfer rendu plus horrible par les souffrances, les désespoirs, les maladies, la mort de mes compagnons de misère. Je préparais tout pour ma fuite. J'avais étudié avec soin les cartes géographiques qui tapissaient les murs ; j'avais adroitement et longuement interrogé les marchands qui couraient le pays, qui allaient aux foires et qui venaient faire des affaires avec les gens de la ville ; je m'étais fabriqué un passeport, ayant eu entre les mains bien des feuilles de papier timbré et un cachet aux armes de l'empereur, avec lesquels j'avais mis en règle mon *plakatny* (passeport). J'avais réussi à me procurer de droite et de gauche un vêtement complet de paysan aisé; j'avais amassé deux cents roubles sur les gratifications qui nous étaient accordées et sur la petite somme qu'on nous allouait pour nos vêtements et notre nourriture.

« Me trouvant en mesure d'exécuter mon projet de fuite, je sortis le soir du 10 novembre de l'établissement d'Ekatérininski-Zavod. J'avais sur moi trois chemises, dont une de couleur, retombant sur le pantalon, comme les portent les paysans russes; un gilet et un large pantalon en gros drap; et, par-dessus, un *armiak*, espèce de burnous de peau de mouton, qui descendait à mi-jambe, et de grandes bottes à revers bien goudronnées. Une ceinture de laine, blanche, rouge et noire, attachait mon *armiak*; sur la tête j'avais une perruque de peau de mouton, laine en dehors, et, par-dessus, un bonnet en drap bien garni de fourrure. Une grande pelisse en fourrure recouvrait le tout; le collet, relevé et noué au cou avec un mouchoir, me cachait le visage et me tenait chaud en même temps. Dans un sac que je tenais à la main, j'avais mis une paire de bottes, une chemise et un pantalon d'été bleu; du pain et du poisson sec; je mis mon argent sous mon gilet; dans ma botte droite je plaçai un poignard. Il gelait très fort. J'arrivai au bord de l'*Irtiche*, qui était gelé; je le traversai, et je pris le chemin de *Para*, qui se trouvait à douze kilomètres d'Ekatérininski-Zavod. A peine avais-je fait quelques pas au delà de l'Irtiche, que j'entendis derrière moi le bruit d'un traîneau. Le cœur me battit avec violence; c'étaient sans doute les gendarmes envoyés à ma poursuite. Je tressaillis, mais j'attendis, le poignard à la main, décidé à vendre chèrement ma vie. Je me retournai quand le traîneau fut près de moi; c'était un paysan.

« Où vas-tu ? me demanda-t-il en s'arrêtant devant moi.

MOI.

« A Para.

LE PAYSAN.

« Et d'où viens-tu ?

MOI.

« Du village de Zalivina.

LE PAYSAN.

« Veux-tu me donner soixante kopecks, je te
« mènerai jusqu'à Para ? J'y vais moi-même.

MOI.

« Non, c'est trop cher. Cinquante kopecks si tu
« veux.

LE PAYSAN.

« C'est bien ; monte vite, frère. »

« Je me mis près du paysan, et nous partîmes au galop; le paysan était pressé; la route était belle, les chevaux étaient bons; une heure après, nous étions à Para. Je descendis dans une des rues de la ville; je m'approchai d'une fenêtre basse, et je demandai à haute voix, comme font les Russes :

« Y a-t-il des chevaux ?

LE PAYSAN.

« Pour aller où ?

MOI.

« A la foire d'*Irbite.*

LE PAYSAN.

« Il y en a une paire.

MOI.

« Combien la verste?

LE PAYSAN.

« Huit kopecks.

MOI.

« C'est trop! Six kopecks?

LE PAYSAN.

« Que faire? Soit. Dans l'instant. »

« Quelques minutes après, les chevaux étaient attelés au traîneau.

« D'où êtes-vous? me demanda-t-on.

« — De *Tomsk*; je suis le commis de *Golofeïef*;
« mon patron m'attend à *Irbite*. Je suis fort en re-
« tard; je crains que le maître ne se fâche : si tu
« vas vite, je te donnerai un pourboire. »

« Le paysan siffla, et les chevaux partirent comme des flèches. Mais la neige commença à tomber, épaisse et serrée; le paysan perdit son chemin, et, après des efforts inutiles pour le retrouver, il me déclara qu'il fallait passer la nuit dans la forêt. Je fis semblant de me mettre en colère; je menaçai de me plaindre à la police en arrivant à Irbite; rien n'y fit; nous fûmes obligés d'attendre le jour. Cette nuit fut affreuse d'inquiétudes et d'angoisses. Je me croyais trahi par mon guide, comme l'avait été quelques années aupa-

J'attendis, le poignard à la main. (Page 299.)

ravant l'infortuné Wysocki, forçat comme moi, fuyant comme moi, et qui, après avoir été égaré toute une nuit comme moi dans la forêt où j'étais, fut livré aux gendarmes par son conducteur. Quand le jour parut, je menaçai encore mon paysan de le livrer à la police pour m'avoir fait perdre mon temps. Le malheureux fit son possible pour retrouver quelques traces du chemin qu'il avait bien réellement perdu, et, au bout de quelques instants, il s'écria tout joyeux :

« — Voici des traces que je reconnais ; c'est le
« chemin que nous devions suivre.

« — Va donc, lui dis-je, et à la grâce de Dieu ! »

« Le paysan fouetta ses chevaux et arriva bientôt chez un ami qui me donna du thé et d'autres chevaux pour continuer ma route. Je changeai ainsi de chevaux et de traîneau jusqu'à Irbite ; j'avais couru, sans m'arrêter, trois jours et trois nuits. Les dernières vingt-quatre heures je repris toute ma sécurité ; la route était tellement encombrée de traîneaux, de *kibitkas* (espèce de cabriolet sur patins l'hiver, sur roues l'été), de *télégas*, d'hommes à cheval, de piétons qui chantaient à tue-tête, criaient, se saluaient, que je ne courais plus aucun danger d'être reconnu ni arrêté. Je fis comme eux : je chantai, je criai, je saluai des inconnus. J'étais à mille kilomètres d'Ekatérininski-Zavod.

« Le soir du troisième jour, nous entrâmes dans la ville d'Irbite.

« Votre passeport », me cria le factionnaire ; il ajouta très bas : « Donnez vingt kopecks et passez ».

« Je donnai vite les vingt kopecks et je m'arrêtai devant une hôtellerie, où j'eus assez de peine à me faire recevoir : tout était plein. L'*izba* était déjà encombrée de *yamstchiks* (conducteurs de chevaux et traîneaux). Je pris ma part d'un bruyant repas sibérien composé d'une soupe aux raves, de poissons secs, de gruau à l'huile et de choux marinés. Chacun s'étendit ensuite sur les bancs, sous les bancs, sur les tables, sur le poêle et par terre ; je me couchai par terre, mais je ne pus dormir ; j'avais compté ce qui me restait d'argent : je n'avais plus que soixante-quinze roubles. Avec une aussi faible somme je devais renoncer à voyager en traîneau ; il me fallait achever ma route à pied ; j'avais des milliers de verstes à faire avant de me trouver au delà de la frontière russe, et je devais mettre près d'un an à les parcourir. Je ne perdis pourtant pas courage ; j'invoquai Dieu et la sainte Vierge, qui me procureraient sans doute quelque travail, quelque moyen de gagner ma vie pour arriver jusqu'en France, seul pays au monde qui ait été compatissant et généreux pour les pauvres Polonais. Le lendemain je quittai de grand matin l'*izba* et Irbite ; en sortant de la ville, le factionnaire me demanda mon passeport ou vingt kopecks ; je préférai donner les vingt kopecks, et bien m'en prit, car à quelque distance de la ville je voulus jeter un coup d'œil sur mon passeport, je ne le trouvai pas; j'eus beau chercher, fouiller de tous côtés, je ne pus le retrouver; il ne me restait qu'une passe de forçat pour circuler dans les environs d'Ékatérininski-Zavod; je l'avais sans doute perdu dans un traîneau ou dans la ville, à la couchée. Un tremblement nerveux me saisit. Sans passeport je ne pouvais m'arrêter dans aucune ville, aucun village; je me trouvais condamné à passer mes nuits dans les forêts ou dans les plaines immenses nommées *steppes*; cet hiver de 1856 était un des plus rigoureux qu'on eût vus depuis plusieurs années; la neige tombait en abondance; je me trouvais sans cesse couvert d'une couche de neige, que je secouais. Elle tombait si serrée, qu'elle effaçait les traces des routes praticables; heureusement que les voyageurs sibériens ont l'habitude de planter dans la neige de longues perches de sapin pour guider leurs compatriotes; mais souvent ces perches, abattues par les ouragans, manquent aux voyageurs. Je marchai pourtant sans perdre courage; parfois je rencontrais des *yamstchiks* qui venaient à ma rencontre; je suivais la trace qu'avait laissée leur traîneau, et je marchais ainsi jusqu'à la nuit; alors je creusais dans la neige un trou profond en forme de grotte; je m'y établissais pour dormir, en fermant de mon mieux, avec de la neige, l'entrée de ma grotte. La première nuit que je passai ainsi, je m'éveillai les pieds presque gelés, parce que j'avais mis sur moi mon manteau de fourrure, le poil en dedans; je me souvins que les *Ostiakes* (peuplades du nord de la Sibérie), qui se font des abris pareils dans la neige quand ils voyagent, mettent toujours leurs fourrures le poil en dehors. Ce moyen me réussit; je n'eus jamais les membres gelés depuis. Un jour, l'ouragan et le chasse-neige furent si violents, que les perches de sapin furent enlevées; je ne rencontrai personne qui pût m'indiquer mon chemin, et je m'égarai. Pendant plusieurs heures je marchai vaillamment, enfonçant dans la neige jusqu'aux reins, cherchant à me reconnaître, et m'égarant de plus en plus. La faim se faisait cruellement sentir; mes provisions étaient épuisées de la veille; le froid engourdissait mes membres; je n'avançais plus que péniblement; la fatigue me faisait tomber devant chaque obstacle à franchir; enfin, au moment où j'allais me laisser tomber pour ne plus me relever, j'aperçus une lumière à une petite distance. Je remerciai Dieu et la sainte Vierge de ce secours inespéré; je recueillis les forces qui me restaient, et j'arrivai devant une *izba* qui était à l'extrémité d'un hameau, dont les fenêtres s'éclairaient successivement. Une jeune femme se tenait près de la porte de l'*izba*. Je demandai à entrer; la jeune femme m'ouvrit sur-le-champ, et je me trouvai dans une chambre bien chaude, en face d'une vieille femme, mère de l'autre.

« — D'où viens-tu ? Où te mène le bon Dieu ? me
« demanda la vieille.

« — Je suis du gouvernement de Tobolsk, mère,
« lui répondis-je, et je vais chercher du travail
« dans les fonderies de fer de *Bohotole*, dans les
« monts Ourals. »

« Les deux femmes se mirent à me préparer un repas; quand j'eus assouvi ma faim, je profitai du feu qu'elles avaient allumé pour faire sécher mes vêtements et mon linge humide de neige. La vue de mes quatre chemises éveilla les soupçons des femmes. Je m'étendis sur un banc et je commençais à m'endormir, quand je fus éveillé par des chuchotements qui m'inquiétèrent; j'ouvris les yeux, et je vis quelques paysans qui étaient entrés et qui s'étaient groupés autour des femmes.

La jeune femme m'ouvrit sur-le-champ.

« Où est-il? » demanda l'un d'eux à voix basse.

« La jeune femme me montra du doigt; les hommes s'approchèrent et me secouèrent rudement en me demandant mon passeport.

« — De quel droit me demandez-vous mon
« passeport? lui répondis-je. Est-ce que l'un de
« vous est *golova* (tête, ancien)?

« — Non, nous sommes habitants du hameau.

« — Et comment osez-vous me déranger? Qui
« me dit quelles gens vous êtes et si vous n'êtes
« pas des voleurs? Attendez, vous trouverez à qui
« parler.

« — Nous sommes d'ici, et nous avons le droit de
« savoir qui nous logeons chez nous.

« — Eh bien! je me nomme *Dmitri Boganine*,
« du gouvernement de Tobolsk, et je vais à Boho-
« tole pour avoir de l'ouvrage dans les établisse-
« ments du gouvernement, et ce n'est pas la pre-
« mière fois que je traverse le pays. »

« J'entrai alors dans les détails que j'avais appris par l'étude des cartes du pays et mes conversations avec les marchands d'Ékatérininski-Zavod. Je finis enfin par leur montrer mon passeport, qui n'était autre chose que la passe que j'avais heureusement conservée.

« Aucun d'eux ne savait lire, mais la vue du cachet impérial leur suffit; ils furent convaincus que j'avais un passeport en règle, et ils se retirèrent en me demandant humblement pardon de m'avoir dérangé.

« Mais nous sommes excusables, ami; on nous
« ordonne d'arrêter les forçats qui s'échappent.

« — Comment des forçats pourraient-ils se

« trouver si loin des *pocélénié* (lieu de détention)?

« — Il s'en échappe quelquefois, et nous en
« avons arrêté quelques-uns. »

« Ils me quittèrent, et j'achevai ma nuit tranquillement.

XX

VOYAGE PÉNIBLE. HEUREUSE FIN

« Le lendemain je pris congé des femmes et je continuai ma route, bien décidé à ne plus demander d'abri à aucun être humain; j'avais encore soixante-dix roubles; en couchant dans les bois, en n'achetant que le pain strictement nécessaire à ma subsistance, j'espérais pouvoir arriver jusqu'à Vologda; il y a dans les environs de cette ville beaucoup de fabriques de drap, de toile à voiles et des tanneries, où je pouvais trouver à gagner l'argent nécessaire pour arriver à la fin de mon voyage. Je marchai donc résolument, et Dieu seul sait ce que j'ai souffert pendant ces quatre mois d'un rude hiver. Quelquefois je sentais faiblir mon courage; je le ranimais en baisant avec ferveur une croix en bois que je m'étais fabriquée avec mon couteau. Deux fois seulement j'entrai dans une maison habitée, pour y coucher; un soir, il neigeait, le froid était terrible, j'étais presque fou de fatigue, de froid, de misère; un besoin irrésistible d'avaler quelque chose de chaud s'empara de moi; une soupe aux raves bien chaude m'eût paru un régal de Balthazar; je courus, sous cette impression, vers une lumière qui m'apparaissait à quelques centaines de pas; j'arrivai devant une *izboucha* (petite *izba*) habitée par un jeune homme, sa femme et deux enfants. J'appelai; on m'ouvrit.

« — Qui es-tu ? Que veux-tu ? demanda le jeune homme.

« — Je suis un voyageur égaré. J'ai froid, j'ai
« faim ; donnez-moi quelque chose de chaud à avaler.

« — Entre ; que Dieu te bénisse ! Mets-toi sur
« le banc ; nous allons souper. »

« Je tombai plutôt que je ne m'assis sur le banc devant lequel était la table chargée d'une terrine de soupe, un pot de *kasha* (espèce de bouillie épaisse au sarrasin) et une cruche de *kvass* (boisson russe assez semblable au cidre). La jeune femme me regardait avec surprise et pitié ; elle s'empressa de me servir de la soupe aux choux toute bouillante ; j'avalai ma portion en un instant ; je n'osais en redemander ; mes regards avides parlaient sans doute pour moi, car le jeune homme se mit à rire et me servit une seconde copieuse portion.

« Mange, ami, mange ; si tu as peur des gendarmes, rassure-toi, nous ne te dénoncerons pas. »

Je le remerciai des yeux et j'engloutis la seconde

terrine. On me servit ensuite du kasha; j'en mangeai plusieurs fois; le kvass me donna des forces. Quand j'eus fini ce repas délicieux, je remerciai mes excellents hôtes et je me levai pour m'en aller.

« — Où vas-tu, frère? dit le jeune homme.

« — Dans les bois d'où je suis venu.

« — Pourquoi ne restes-tu pas chez nous? Ma

Le lendemain je pris congé des femmes. (Page 311.)

femme et moi, nous te prions d'accepter notre *izboucha* pour y passer la nuit.

« — Je vous gênerais; vous n'avez qu'une chambre.

« — Qu'importe! tu nous apporteras la bénédic-
« tion de Dieu. Viens; faisons nos prières devant les
« images, et repose-toi ensuite; tu es fatigué. »

« J'acceptai avec un signe de croix, selon l'usage des paysans, et un « Merci, frère ».

« Nous nous mîmes devant les images et nous commençâmes nos signes de croix et nos *paklony* (demi-prosternations); c'est en quoi consistent les prières des paysans russes. J'eus bien soin d'en faire autant que mes hôtes. Je m'étendis ensuite sur un banc, où je m'endormis profondément jusqu'au jour.

« Avant de quitter ces braves gens, j'acceptai encore un repas de soupe aux choux et de kasha. On remplit mes poches de pain bis; ils ne voulurent pas recevoir l'argent que je leur offrais, et je me remis en route avec un nouveau courage.

« A la fin d'avril j'arrivai près de Vologda; je trouvai facilement du travail dans une tannerie située loin de la ville et de toute habitation; j'y travaillai près d'un mois, puis je continuai mon voyage avec cinquante roubles de plus dans ma poche.

« Je continuai à coucher dans les bois; j'eus le bonheur d'éviter toute rencontre de gendarmes et de soldats, comme j'avais évité les ours qui remplissent les forêts de l'Oural.

« J'achetais du pain dans les maisons isolées que je rencontrais. Une fois je faillis être dénoncé comme brigand par un vieillard chez lequel j'étais entré pour demander un pain. Il me dit d'attendre, qu'il allait m'en apporter.

« A peine était-il sorti, que sa fille courut à un coffre, en retira un pain, et me dit en me le donnant :

« Pars vite, pauvre homme, mon père est allé
« à la ville chercher des gendarmes. Tourne dans
« le sentier à droite qui passe dans les bois, et
« cours pour qu'on ne te prenne pas. Je dirai que
« tes amis sont venus te chercher. »

« Nous nous mîmes devant les images. » (Page 813).

« Je la remerciai, et je pris de toute la vitesse de mes jambes le chemin que cette bonne fille m'avait indiqué. Je courus pendant plusieurs heures, me croyant toujours poursuivi. Mon voyage devint

« Je courus pendant plusieurs heures. »

de plus en plus périlleux à mesure que j'approchais du centre de la Russie. J'osais à peine acheter du pain pour soutenir ma misérable existence, quand je me trouvai près de Smolensk, dans les bois de votre excellent oncle, dont j'ignorais le séjour dans le pays; je n'avais rien pris depuis deux jours et je n'avais plus un kopeck pour acheter un morceau de pain. Il y avait près d'un an que j'avais quitté Ekatérininski-Zavod, un an que j'errais inquiet et tremblant, un an que je priais Dieu de terminer mes souffrances. Elles ont trouvé une heureuse fin, grâce à la généreuse hospitalité de votre bon oncle, grâce à votre bonté à tous, dont je garderai un souvenir reconnaissant jusqu'au dernier jour de mon existence.

— Bien raconté et bien terminé, mon pauvre Romane, dit le général en lui serrant les mains; vous nous avez tous fait frémir plus d'une fois d'indignation et de terreur; ma nièce et Natasha ont encore des larmes dans les yeux; mais tout cela est du passé, Dieu merci! et comme il faut vivre du présent et non du passé, je demande à entamer quelques comestibles, car je meurs de faim et de soif; il y a deux heures que nous vous écoutons.

— Ces heures ont passé bien vite, dit Natasha.

LE GÉNÉRAL, *souriant*.

Voyez-vous, la méchante. Elle trouve que vous n'en avez pas assez et que vous auriez dû subir d'autres tortures, d'autres malheurs, pour lui faire le plaisir de les entendre raconter.

NATASHA.

Mon oncle, la faim vous fait oublier vos bons sentiments, sans quoi vous n'auriez pas fait une si malicieuse interprétation de mes paroles. Monsieur Jacks..., pardon, je veux dire prince Romane, demandez, je vous prie, à Dérigny de nous passer quelques provisions. »

Le prince s'empressa d'obéir.

LE GÉNÉRAL, *riant et la bouche pleine.*

Dis donc, Natasha, à présent que Romane t'apparaît dans toute sa grandeur, ne va pas le traiter comme un Jackson.

LE PRINCE.

Au contraire, mon cher comte, plus que jamais elle doit voir en moi un ami dévoué prêt à la servir en toute occasion. Ne suis-je pas à jamais votre obligé à tous? Et j'ose espérer qu'aucun de vous n'en perdra le souvenir. N'est-ce pas, chère madame Dabrovine, que vous n'oublierez pas votre fidèle Jackson?

MADAME DABROVINE.

Certainement non; je puis bien vous le promettre.

LE GÉNÉRAL.

Alors jurons tous; faisons le serment des Horaces! »

Le général avança son bras, un os de poulet à la main; ses compagnons ne l'imitèrent pas; mais ils se jurèrent tous en riant la fidélité des Horaces.

LE GÉNÉRAL.

Mangez donc, sac à papier! Il faut noyer, étouffer le passé dans le vin et dans le bon pâté que voici. Eh! Dérigny, où avez-vous eu ce pâté?

DÉRIGNY.

A la dernière station avant la frontière, mon général.

LE GÉNÉRAL.

Bon pâté, parbleu! c'est un dernier souvenir de ma pauvre patrie. Mange, Natasha; mange, Natalie; mange, Romane. »

Et il leur donnait à tous des tranches formidables.

MADAME DABROVINE.

Jamais je ne pourrai manger tout cela, mon oncle.

— Allons donc! Avec un peu de bonne volonté tu iras jusqu'à la fin. Tiens, regarde comme j'avale cela, moi. »

Mme Dabrovine sourit; Natasha rit de tout son cœur; Romane joignit son rire au sien.

LE GÉNÉRAL.

On voit bien que tu as passé la frontière, mon pauvre garçon; voilà que tu ris de tout ton cœur.

ROMANE.

Oh oui! mon ami, j'ai le cœur léger et content. »

Le repas fut copieux pour le général et gai pour tous, grâce aux plaisanteries aimables du bon général. Quand on s'arrêta pour dîner, le secret du prince Romane fut révélé à ses anciens élèves et aux enfants de Dérigny. Lui et sa femme savaient dès l'origine ce qu'était M. Jackson. Alexandre et Michel regardaient avec une surprise mêlée de respect leur ancien gouverneur. Ils ne dirent rien d'abord, puis ils s'approchèrent du prince, lui prirent les mains et les serrèrent contre leur cœur.

ALEXANDRE.

Je suis bien fâché,... c'est-à-dire bien content, que vous soyez le prince Pajarski, mon bon monsieur Jackson. Cela me fait bien de la peine,...

Le général avança son bras, un os de poulet à la main. (P.319)

non, je veux dire... que... ce sera bien triste,... c'est-à-dire bien heureux pour nous, de ne plus vous voir,... pas pour nous, pour vous, je veux dire.... Je vous aime tant! »

Le pauvre Alexandre, qui ne savait plus ce qu'il

disait, éclata en sanglots, et se jeta dans les bras de son ex-gouverneur. Michel fit comme son frère. Le prince Romane les embrassa, les serra contre son cœur.

LE PRINCE.

Mes chers enfants, vous resterez mes chers élèves, si votre mère et votre oncle veulent bien me garder; pourquoi me renverrait-on, si tout le monde est content de moi?

ALEXANDRE.

Comment! vous voudriez..., vous seriez assez bon pour rester avec nous, quoique vous soyez prince?

LE PRINCE.

Eh! mon Dieu oui! un pauvre prince sans le sou, qui sera assez bon pour vivre heureux au milieu d'excellents amis, si toutefois ses amis veulent bien le lui permettre. »

Mme Dabrovine lui serra la main en le remerciant affectueusement de la preuve d'amitié qu'il leur donnait. Le général l'embrassa à l'étouffer; Natasha le remerciait du bonheur de ses frères; Jacques et Paul restaient à l'écart.

« Et vous, mes bons enfants, leur dit le prince en les embrassant, je veux aussi vous conserver comme élèves : je serai encore votre maître et toujours votre ami. C'est toi, mon petit Paul, qui m'as trouvé le premier.

PAUL.

Je me le rappelle bien! Vous aviez l'air si malheureux! Cela me faisait de la peine.

« C'est toi, mon petit Paul, qui m'as trouvé le premier. »

JACQUES.

J'ai bien pensé que vous vous étiez sauvé de quelque prison! Vous aviez si peur qu'on ne vous dénonçât.

LE PRINCE.

L'as-tu dit à quelqu'un?

JACQUES.

A personne! Jamais! Je savais bien que cela pourrait vous faire du mal.

LE GÉNÉRAL.

Brave enfant! tu auras la récompense de ta charitable discrétion.

JACQUES.

Je n'en veux pas d'autre que votre amitié à tous!

LE GÉNÉRAL.

Tu l'as et tu l'auras, mon brave garçon. »

Le général, qui n'oubliait jamais les repas, appela Dérigny pour commander un bon dîner et du bon vin qu'on boirait à la santé de Romane et de tous les Sibériens.

Pendant qu'on apprêtait le dîner, Mme Dabrovine et Natasha allèrent voir les chambres où l'on devait coucher; elles choisirent pour le général la meilleure et la plus grande; une belle à côté, pour le prince Pajarski, et quatre autres chambres pour elles-mêmes, pour les deux garçons, pour Mme Dérigny et Paul, et enfin pour Dérigny et Jacques. Elles s'occupèrent avec Mme Dérigny à faire les lits, à donner de l'air aux chambres et à les rendre aussi confortables que possible.

Le dîner fut excellent et fort gai; on but les santés des absents et des présents. Le général calcula que le lendemain devait être le jour de la prise de possession de Gromiline par le prince Négrinski; ils s'amusèrent beaucoup du désappointement et de la colère que devait éprouver Mme Papofski.

Natasha seule la plaignit et trouva la punition trop forte.

LE GÉNÉRAL.

Tu oublies donc, Natasha, qu'elle voulait nous dénoncer tous et nous faire tous envoyer en Sibérie? Elle n'aura d'autre punition que de retourner dans ses terres, qu'elle n'aurait pas dû quitter, et de ne pas avoir ma fortune, qu'elle ne devait pas avoir.

NATASHA.

C'est vrai, mon oncle, mais nous sommes si heureux, tous réunis, que cela fait peine de penser à son chagrin.

LE GÉNÉRAL.

Chagrin! dis donc fureur, rage. Elle n'a que ce qu'elle mérite, crois-moi. Prions pour elle, afin que Dieu ne lui envoie pas une punition plus terrible que celle que je lui inflige.

XXI

L'ASCENSION

Le voyage continua gaiement; on passa quelques jours dans chaque ville un peu importante qu'on devait traverser. A la fin de juin on arriva aux eaux d'Ems; le général voulut absolument les faire prendre à Mme Dabrovine, dont la santé était loin d'être satisfaisante. La jeunesse fit des excursions amusantes et intéressantes dans les montagnes et dans les environs d'Ems. Le général voulut un jour les accompagner pour escalader les montagnes qui dominent la ville.

« Mon général, permettez-vous que je vous accompagne? dit Dérigny.

LE GÉNÉRAL.

Pourquoi, mon ami? croyez-vous que je ne puisse pas marcher seul?

DÉRIGNY.

Pas du tout, mon général; mais si vous aviez

besoin d'un aide pour grimper de rocher en rocher, je serais là, très heureux de vous offrir mon bras.

LE GÉNÉRAL.

Vous croyez donc que je resterai perché sur un rocher, sans pouvoir ni monter ni descendre?

DÉRIGNY.

Non, mon général, mais il vaut toujours mieux être plusieurs pour..., pour ce genre de promenade.

LE GÉNÉRAL.

Ne serons-nous pas plusieurs, puisque nous y allons tous?

DÉRIGNY.

« C'est vrai, mon général, mais... je serai plus tranquille si vous me permettez de vous suivre.

LE GÉNÉRAL.

Je vois où vous voulez en venir, mon bon ami! Vous voudriez me faire rester à la maison ou sur la promenade. Eh bien, non; la maison m'ennuie, la promenade des eaux m'ennuie; je veux respirer l'air pur des montagnes, et je les accompagnerai. »

L'air inquiet de Dérigny fit rire le général et l'attendrit en même temps.

« Venez avec nous, mon ami, venez; nous grimperons ensemble; vous allez voir que je suis plus leste que je n'en ai l'air. »

Le général fit une demi-pirouette, chancela et se retint au bras de Dérigny, qui sourit.

« Vous triomphez, parce que mon pied a accroché une pierre! Mais... vous me verrez à l'œuvre. Allons, en avant! à l'assaut! »

Les quatre enfants partirent en courant. Natasha aurait bien voulu les suivre; mais elle avait seize ans, il fallait bien donner quelque chose à son titre de jeune personne; elle soupira et elle resta près de son oncle, qui marchait de toute la vitesse de ses jambes de soixante-quatre ans. Le prince Ro-

Le général voulut un jour les accompagner. (Page 327.)

mane et Dérigny marchaient près de lui. Quand on arriva au sentier étroit et rocailleux qui se perdait dans les montagnes, le général poussa Natasha devant lui.

« Va, mon enfant, rejoindre tes frères et les petits Dérigny qui grimpent comme des écureuils. Il n'y a personne ici, et tu peux courir tant que tu veux. Moi, je vais escalader tout cela à mon aise, sans me presser. Romane, passe devant, mon fils; Dérigny fermera la marche. »

Le général commença son ascension, lentement, péniblement : il n'était pas à moitié de la montagne, qu'il demandait si l'on était bientôt au sommet. Natasha allait et venait, descendait en courant ce qu'elle venait de gravir, pour savoir comment son oncle se tirait d'affaire. Romane précédait le général de quelques pas, lui donnant la main dans les passages les plus difficiles. Dérigny suivait de près, le poussant par moments, sous prétexte de s'accrocher à lui pour ne pas tomber.

« C'est ça! appuyez-vous sur moi, Dérigny! Tenez ferme, pour ne pas rouler dans les rochers, criait le général, enchanté de lui servir d'appui. Vous voyez que je ne suis pas encore si lourd ni si vieux, puisque c'est moi qui vous aide à monter. »

Les enfants étaient déjà au sommet, poussant des cris de joie et appelant les retardataires. Le pauvre général suait à faire pitié.

« Ce n'est pas étonnant, disait-il, je remorque Dérigny, qui a encore plus chaud que moi. »

C'est que Dérigny avait fort à faire en se mettant à la remorque du général, qu'il poussait de toute la force de ses bras. C'était un poids de deux cent cinquante livres qu'il lui fallait monter par une pente raide, hérissée de rochers, bordée de trous remplis de ronces et d'épines. Romane l'aidait de son mieux, mais le général y mettait de l'amour-propre; se sentant soutenu par Dérigny, qu'il croyait soutenir, il refusait l'aide que lui offraient tantôt Romane, tantôt Natasha.

Enfin on arriva au haut du plateau; la vue était magnifique, les enfants battaient des mains et couraient de côté et d'autre. Le général triomphait et

Les enfants étaient déjà au sommet.

regardait fièrement Dérigny, dont le visage inondé de sueur témoignait du travail qu'il avait accompli. Mais le triomphe du général fut calme et silencieux. Il ne pouvait parler, tant sa poitrine était oppressée par ses longs efforts. Natasha et Romane contemplaient aussi en silence le magnifique aspect de cette vallée, couronnée de bois et de rochers, animée par la ville d'Ems et par le ruisseau serpentant bordé de prairies et d'arbustes.

« Que cette vue est belle et charmante! dit Natasha.

— Et que de pensées terribles du passé et souriantes pour l'avenir elle fait naître en moi! dit Romane.

— Et quel diable de chemin pour y arriver! dit le général. Voyez Dérigny! il n'en peut plus. Sans moi, il ne serait jamais arrivé!... Il fait bon ici, ajouta-t-il. Dérigny et moi, nous allons nous reposer sur cette herbe si fraîche, pendant que vous continuerez à parcourir le plateau. »

Le général s'assit par terre et fit signe à Dérigny d'en faire autant.

« Je regrette de ne pas avoir mes cigares, dit-il, nous en aurions fumé chacun un; il n'y a rien qui remonte autant.

— Les voici, mon général, dit Dérigny en lui présentant son porte-cigares et une boîte d'allumettes.

— Vous pensez à tout, mon ami, répondit le général, touché de cette attention. Prenez-en un et fumons..... Eh bien, vous ne fumez pas?

DÉRIGNY.

Mon général, vous êtes bien bon,... mais je n'oserais pas,... je ne me permettrais pas....

LE GÉNÉRAL.

D'obéir, quand je vous l'ordonne? Allons, pas de résistance, mon ami. Je vous ordonne de fumer un cigare, là,... près de moi. »

Dérigny s'inclina et obéit; ils fumèrent avec délices.

« Tout de même, mon général, dit Dérigny en finissant son cigare, c'est un fier service que vous m'avez rendu en m'obligeant à fumer. J'avais si chaud, que j'aurais peut-être attrapé du mal si je ne m'étais réchauffé la poitrine en fumant.

LE GÉNÉRAL.

Et moi donc! C'est grâce à votre prévoyance, à votre soin continuel de bien faire, que nous serons tous deux sur pied ces jours-ci; j'avais aussi une chaleur à mourir, et j'étais si fatigué, que je ne pouvais plus me soutenir; il est vrai que je vous ai vigoureusement maintenu tout le temps de la montée!

DÉRIGNY, *souriant*.

Je crois bien, mon général! je m'appuyais sur vous de tout mon poids. »

Un second cigare acheva de remonter nos fumeurs. Le général aurait bien volontiers fait un petit somme, mais l'amour-propre le tint éveillé. Il eût fallu avouer que la montée était trop forte pour lui, et il voulait accompagner les jeunes gens dans d'autres expéditions difficiles. Au moment où le temps commençait à lui paraître long, il entendit, puis il vit accourir la bande joyeuse.

« Mon oncle, je vous apporte des rafraîchissements, dit Natasha en s'asseyant près de lui et lui présentant une grande feuille remplie de mûres. Goûtez, mon oncle, goûtez comme c'est bon! »

Le général goûta, approuva le goût de sa nièce, et continua à goûter, jusqu'à ce qu'il eût tout mangé.

Dérigny s'était levé en voyant arriver Natasha, le prince Romane et les enfants. Jacques et Paul avaient aussi fait leur petite provision; ils l'offrirent à leur père, qui goûta ces mûres et les trouva excellentes; mais il n'en mangea qu'une dizaine.

« Encore, encore, papa! s'écrièrent ses enfants; c'est pour vous que nous avons cueilli tout ça.

DÉRIGNY.

Non, mes chers amis; j'ai eu très chaud, et je me ferais mal si j'avalais tant de rafraîchissants; gardez le reste pour votre dîner ou mangez-le comme vous voudrez.

JACQUES.

Nous le garderons pour maman.

DÉRIGNY.

C'est une bonne idée et qui lui fera plaisir.

LE GÉNÉRAL.

Dérigny! Dérigny! nous nous remettons en route pour descendre dans la vallée. Prenez bien garde de tomber; tenez-vous aux basques de mon habit comme en montant; je vous retiendrai si vous glissez.

DÉRIGNY.

Très bien, mon général! je vous remercie. »

Natasha le regarda d'un air surpris.

DÉRIGNY, *réprimant un sourire.*

C'est que, mademoiselle, le général m'a aidé à gravir la montagne; c'est pourquoi....

NATASHA, *très surprise.*

Mon oncle vous a aidé?... C'est lui qui vous a aidé!

DÉRIGNY, *riant tout à fait.*

Demandez plutôt au général, mademoiselle; il vous le dira bien.

LE GÉNÉRAL, *se frottant les mains.*

Certainement, Natasha; certainement. Sans moi, il ne serait jamais arrivé! Tu vas voir à la descente; ce sera la même chose. »

Natasha regardait toujours Dérigny, comme pour demander une explication. Il lui fit signe en riant que ce serait pour plus tard. Natasha commença à deviner et sourit.

« Partons, dit le général. Les enfants en avant, Natasha aussi; Romane devant moi, pour être au centre de la ligne; Dérigny derrière moi, pour ne pas tomber et pour se retenir à moi. »

Les enfants s'élancèrent en avant. La descente était difficile, escarpée, glissante; les pierres roulaient sous les pieds; les rochers formaient des marches élevées; des trous, semblables à des précipices bordaient le sentier. Chacun s'appuya sur son bâton et marcha bravement en avant; les garçons descendaient tantôt courant, tantôt glissant, et ne furent pas longtemps à atteindre le bas de la montagne; Natasha descendait d'un pied sûr, sautant parfois, glissant sur les talons, s'accroupissant par moments, mais ne s'arrêtant jamais. Romane aurait fait comme elle, s'il n'avait été inquiet des allures désordonnées du général, qui trébuchait, qui sautait sans le vouloir, qui glissait malgré lui, qui serait tombé à chaque pas, si Dérigny, fidèle à sa recommandation, ne l'eût tenu fortement par les basques de sa redingote.

« Tenez-vous ferme, mon pauvre Dérigny, criait le général; ne me ménagez pas; je vous soutiendrai bien, allez. »

Le pauvre général buttait, gémissait, maudissait les montagnes et les rochers. Dérigny suait à grosses gouttes; il lui fallait prêter une extrême attention aux mouvements du général pour ne pas le tirer mal à propos, et pour ne pas le lâcher, le laisser butter et tomber sur le nez. A moitié chemin, la descente devenait plus raide et plus rocailleuse encore; le général butta si souvent, Dérigny tira si fort, que le dernier bouton de la redingote sauta; le général en reçut une saccade qui manqua le jeter sur le nez; Dérigny donna, pour le relever, une secousse qui fit partir tous les autres boutons; le général leva les bras en l'air en signe de détresse; les manches de la redingote glissèrent en se retournant le long de ses bras, et le pauvre général, laissant son habit aux mains de Dérigny épouvanté, fit trois ou quatre bonds prodigieux de rocher en rocher, glissa tomba et roula au fond d'un trou heureusement peu profond, mais bien garni de ronces et d'épines. Pour comble d'infortune, un renard, réfugié au fond de ce trou, se trouva trop serré entre les ronces et le général, et voulut se frayer un passage aux dépens des chairs déjà meurtries de son bourreau involontaire. Les dents aiguës du renard firent pousser au général des cris lamentables, Romane revint sur ses pas en courant; Dérigny s'était déjà élancé dans le trou pour aider le général à en sortir; ses mains rencontrèrent les dents du renard; ne sachant à quel animal il avait affaire, mais comprenant la détresse du malheureux général, il enfonça son bras dans les épines, saisit quelque chose qu'il tira à lui, malgré la résistance qu'on lui opposait et, après quelques efforts vigoureux, amena le renard. Le tuer était long et inutile; il le saisit à bras-le-corps et le lança hors du trou; l'animal disparut en une seconde, et Dérigny put alors donner tous ses soins au général. Il le releva et chercha à lui faire remonter le côté le moins escarpé du trou; efforts inutiles : le général grimpait, retombait, se hissait encore, mais sans jamais pouvoir atteindre la main que lui tendait Romane. Dérigny essaya de prendre le général sur son dos et de le placer contre les

Les dents aiguës du renard firent pousser au général des cris lamentables.

parois du trou; mais il s'épuisa vainement : les grosses jambes du général ne se prêtaient pas à cette escalade, et il fallut toute la vigueur de Dérigny pour résister aux secousses que lui donnaient les tentatives inutiles du général.

Voyant que ses efforts restaient sans succès, il se laissa glisser le long du dos de Dérigny, et dit d'un ton calme :

« Romane, mon enfant, je n'en peux plus; je reste ici; le renard y a demeuré, pourquoi n'y demeurerais-je pas? Seulement, comme je suis moins sobre que le renard, je te demande de vouloir bien courir à l'hôtel et de me faire apporter et descendre dans ce trou un bon dîner, du vin, un matelas, un oreiller et une couverture, et autant pour Dérigny, qui est la cause de mon changement de domicile.

DÉRIGNY.

Mon général, je vais vous avoir un petit repas et les moyens de revenir à l'hôtel. Le prince Romane voudra bien vous tenir compagnie en mon absence.

LE GÉNÉRAL.

Tu es fou, mon pauvre camarade de prison; comment sortiras-tu d'ici?

DÉRIGNY.

Ce ne sera pas difficile, mon général : dans une heure je suis de retour. »

Et Dérigny, s'élançant de rocher en rocher, d'arbuste en arbuste, se trouva au haut du trou avant que le général fût revenu de sa stupéfaction. Dérigny bondit plutôt qu'il ne courut jusqu'au bas de la montagne, où il trouva Natasha et les enfants, auxquels il expliqua en peu de mots la position critique de leur oncle; il continua sa course vers l'hôtel, où il trouva promptement cordes, échelles et hommes de bonne volonté pour sortir le général de son trou; il prit un morceau de pâté, une bouteille de vin, et reprit le chemin de la montagne, suivi par une nombreuse escorte grossie de la foule des curieux qui apprenaient l'accident auquel on allait porter remède.

Quand ils arrivèrent au trou qui contenait le malheureux touriste, Dérigny eut de la peine à arriver jusqu'à lui, les bords étaient occupés par Romane, Natasha et les quatre garçons, qui faisaient la conversation avec le général. Pendant qu'on organisait les échelles et les cordes, Dérigny descendit les provisions, que le général reçut avec joie et fit disparaître avec empressement. Romane dirigea le sauvetage, pendant que Dérigny, redescendu dans le trou, aidait le général à grimper les échelons, soutenu par une corde que Dérigny lui avait nouée autour du corps. Les hommes tiraient par en haut, Dérigny poussait par en bas; rien ne cassa, fort heureusement, et le général arriva jusqu'en haut suivi de son fidèle serviteur. Chacun félicita, embrassa le général; Romane, Natasha et ses frères serrèrent amicalement les mains de Dérigny, et l'on se remit en marche, mais avec une variante.

On se remit en marche, mais avec une variante.

Dérigny avait fait apporter une chaise à porteurs, dans laquelle on plaça le général, qui ne fit aucune résistance, les dents du renard ayant fait des brèches trop considérables au vêtement qui avait porté sur la tête de l'animal. L'agilité que Dérigny avait déployée en sortant du trou, la facilité avec laquelle il avait descendu et remonté la montagne, ouvrirent les yeux du général; il comprit tout, la montée comme la descente, et n'en parla que dans le tête-à-tête du soir avec son ami Dérigny.

Depuis ce jour, il ne proposa plus d'accompagner les jeunes gens dans leurs excursions; Mme Dérigny le remplaça près de Natasha, comme par le passé, et le général tint compagnie à sa nièce, Mme Dabrovine, dans ses tranquilles promenades en voiture.

XXII

FIN DES VOYAGES. CHACUN CHEZ SOI

La saison des eaux se passa sans autre aventure; on se remit en route à la fin d'août et l'on prit le chemin de la France, cette chère France dont le souvenir faisait battre le cœur des Dérigny, un peu celui du général, et dont la réputation faisait frémir d'impatience Natasha et ses frères. Romane restait calme; il se trouvait heureux et ne désirait pas changer de position. Il voulait seulement trouver une manière convenable de gagner sa vie quand il aurait fini l'éducation d'Alexandre et de Michel.

« Si Dieu voulait bien me faire sortir de ce monde quand cette tâche sera finie, pensait-il, ce serait un de ses plus grands bienfaits; quelle triste vie je mènerai loin de cette chère famille que j'aime si tendrement! »

Le général voulut rester quelque temps à Paris ; une fois établi à l'hôtel du Louvre, il permit aux Dérigny d'aller rejoindre à Loumigny Elfy et Moutier.

« Vous nous annoncerez, leur dit-il ; et je vous charge, mon ami, de nous préparer des logements. »

Le général acheta une foule de choses de ménage et de toilette pour Elfy et Moutier, et les re-

On prit le chemin de la France. (Page 347.)

mit à Mme Dérigny pour qu'elle n'arrivât pas les mains vides, attention délicate qui les toucha vivement.

Dérigny et sa famille se mirent immédiatement en route ; partis de Paris le soir, à huit heures, ils arrivèrent à Loumigny le lendemain de grand matin, par la correspondance d'Alençon. Voulant faire une surprise à Elfy et à Moutier, Dérigny fit arrêter la voiture à l'entrée du village ; ils se dirigèrent à pied vers l'*Ange gardien*. Mme Dérigny eut beaucoup de peine à retenir Jacques et Paul, qui voulaient courir en avant ; la porte de l'au-

Elfy pleurait. (Page 351.)

berge était ouverte; les Dérigny entrèrent sans bruit, et virent Elfy et Moutier assis à la porte de leur jardin. Elfy pleurait. Le cœur de Mme Dérigny battit plus fort.

« Il y a si longtemps que je n'ai eu de leurs nouvelles, mon ami! disait Elfy. Je crains qu'il ne leur soit arrivé malheur. On peut s'attendre à tout dans un pays comme la Russie.

— Chère Elfy, tu as donc perdu ta confiance en Dieu et en la sainte Vierge? Espérons et prions.

— Et vous serez exaucés, mes chers, chers amis! » s'écria Mme Dérigny en s'élançant vers Elfy, qu'elle saisit dans ses bras en la couvrant de baisers.

Jacques et Paul s'étaient jetés dans les bras de Moutier, qui les embrassait; il quittait l'un pour reprendre l'autre; il embrassa à les étouffer Dérigny et sa femme; Elfy pleurait de joie après avoir pleuré d'inquiétude. Toute la journée fut un enchantement continuel; chacun racontait, questionnait sans pouvoir se lasser. Moutier et Elfy firent voir à leur sœur et à leur frère les heureux changements qu'ils avaient faits dans la maison et dans le jardin; ils accompagnèrent les nouveaux arrivés chez le curé, qui faillit tomber à la renverse quand Jacques et Paul se précipitèrent sur lui en poussant des cris de joie. Après les premiers moments de bonheur et d'agitation, les Dérigny lui donnèrent des nouvelles du général et annoncèrent son arrivée.

« Bon, excellent homme! dit le curé. Quel dommage qu'il ne soit pas en France pour toujours!

DÉRIGNY.

Vous n'avez rien à regretter, monsieur le curé; il vient en France pour y rester. Il veut se fixer près de nous aux environs de Loumigny, dans une terre qu'il cherche à acquérir.

LE CURÉ.

Mais il sera seul! Il s'ennuiera et repartira!

DÉRIGNY.

Seul, monsieur le curé? il arrive en nombreuse et aimable compagnie! Nous vous raconterons tout cela. »

Après une longue visite au curé, pendant laquelle Jacques et Paul allèrent voir leurs anciens amis et camarades, ils allèrent tous à l'auberge du *Général reconnaissant*. L'enseigne se balançait dans toute sa fraîcheur; la maison était propre, soignée, bien aérée, grâce aux soins de Moutier et d'Elfy; les prairies attenantes à l'auberge étaient dans l'état le plus florissant; les pommiers qui les couvraient étaient chargés de fruits. Mme Dérigny était enchantée; elle examinait son linge, sa vaisselle, ses meubles, et remercia affectueusement Elfy et Moutier de leurs bons soins.

« Nous allons nous y établir dès ce soir, dit-elle; tout y est si propre qu'on peut l'habiter sans rien déranger.

ELFY.

Reste avec nous et chez nous jusqu'à l'arrivée

du général, ma sœur; nous nous verrons mieux. »

Jacques et Paul joignirent leurs instances à celles de Moutier et d'Elfy, et n'eurent pas de peine à vaincre la légère résistance de Dérigny et de sa femme.

Tous s'établirent donc à l'*Ange gardien*. Jacques et Paul reprirent avec bonheur leur ancienne chambre; Mme Dérigny voulut aussi habiter la sienne; Moutier et sa femme étaient au rez-de-chaussée et pouvaient, sans se déranger, abandonner les chambres du premier à leur sœur et à sa famille. Ils menèrent pendant un mois une vie heureuse et calme qui leur permit de mettre Elfy et Moutier au courant des moindres événements qui s'étaient passés pendant leur séparation.

Moutier et Dérigny ne cessèrent, pendant ce mois, de chercher à combler les vœux du général en lui trouvant une grande propriété avec une belle habitation. Enfin Moutier en trouva une à une lieue de Loumigny; elle fut mise en vente de la manière la plus imprévue, par suite de la mort subite du propriétaire, le baron de Crézusse, ex-banquier, fort riche, qui venait de terminer l'ameublement de ce magnifique château pour l'habiter et s'y reposer de ses fatigues. Elfy écrivit au général pour l'en informer, et profita de l'occasion pour lui renouveler mille tendresses reconnaissantes dont la gaieté assaisonnait le sentiment.

Le général répondit : « Mon enfant, j'arrive jeudi; n'oubliez pas le dîner à quatre heures.

« LE GÉNÉRAL RECONNAISSANT. »

Effectivement, trois jours après cette lettre laconique, une berline et une calèche arrivèrent au grand galop de leurs huit chevaux et s'arrêtèrent devant l'auberge de l'*Ange gardien*. Natasha sauta au bas de la berline et se jeta au cou d'Elfy en l'appelant par son nom.

« Vous voyez, ma chère Elfy, que je vous connais, que je suis votre amie, et que vous me devez un peu de l'amitié que vous avez pour grand-père. »

Natasha tendit ensuite les deux mains à Moutier, qui s'inclina profondément en les serrant, et qui s'élança au secours du général, que Romane ne parvenait pas à dégager des coussins de la voiture. Le poignet vigoureux de Moutier l'eut bientôt enlevé; il sauta presque à terre et tomba, moitié par la secousse, moitié par affection, dans les bras de Moutier, qui eut de la peine à ne pas toucher terre avec sa charge. Mais il s'y attendait, il ne broncha pas, et il serra le général contre son cœur avec des larmes dans les yeux. Le général aussi sentit les siens se mouiller; il s'empara d'Elfy pour l'embrasser plus d'une fois. Elfy lui baisait les mains, riait, pleurait tout à la fois. Mme Dabrovine et le prince Romane furent présentés par le général.

« Ma petite Elfy, voici la fille de mon cœur et le fils de mes vieux jours. Aimez-les comme vous m'aimez. »

La profonde révérence d'Elfy fut interrompue

Il tomba, moitié par la secousse, moitié par affection, dans les bras de Mortier

par Mme Dabrovine, qui embrassa tendrement cette jeune amie de son vieil oncle. Le prince Romane lui serra la main avec effusion.

Moutier reçut aussi des poignées de main affectueuses de Mme Dabrovine, du prince Romane et d'Alexandre et Michel.

« Mon cher monsieur Moutier, dit Alexandre, vous nous raconterez bien en détail comment vous avez trouvé dans les bois le pauvre Jacques et son frère.

MOUTIER.

Très volontiers, messieurs ; vous les aimerez davantage après ce récit ; mon bon petit Jacques est le modèle des frères et des fils ; ils sont restés ce qu'ils étaient.

LE GÉNÉRAL.

N'avez-vous pas quelque chose à nous donner pour notre dîner, ma petite ménagère ? Nous avons une faim terrible.

ELFY, *souriant*.

Je croyais que vous n'aimiez plus ma pauvre cuisine et mes maigres poulets, général.

LE GÉNÉRAL.

Comment, petite rancuneuse, vous vous souvenez de ce détail de votre dîner de noces ? Nous allons donc mourir de faim, si vous n'avez rien préparé.

ELFY.

Soyez tranquille, général, tout est prêt, nous vous attendions pour servir. »

Le général entra et se mit à table ; le couvert

était mis. Elfy engagea tout le monde à s'asseoir; il fallut l'ordre exprès du général pour que les Dérigny et les Moutier se missent à table.

LE GÉNÉRAL.

Je ne pensais pas que vous eussiez si vite oublié nos bonnes habitudes, ma petite Elfy et mon grand Moutier! Nous étions si bons amis jadis!

MOUTIER.

Et nous le sommes encore, mon général; pour vous le prouver, nous vous obéissons sans plus de résistance. Viens, Elfy; obéis comme jadis.

LE GÉNÉRAL.

A la bonne heure! Ici, à ma droite, Elfy; Moutier, près de ma nièce Dabrovine; Natasha, à la gauche de Moutier; Romane, près de Natasha; Mme Dérigny, à ma gauche; Alexandre, Michel, Jacques et Paul, où vous voudrez; je ne me mêle pas de vous placer.

JACQUES.

Moi, près de mon bon Moutier.

MOUTIER.

La place est prise par les dames, mon ami; va ailleurs. »

Les quatre garçons se placèrent en groupe tous ensemble. Elfy prouva au général que ni elle ni sa sœur n'avaient perdu leur talent pour la soupe aux choux, la fricassée de poulet, la matelote d'anguilles, le gigot à l'ail, la salade à la crème, les pommes de terre frites et les crêpes. Le général ne se lassait pas de redemander encore et encore de chaque plat.

Le vin était bon, le café excellent, l'eau-de-vie vieille et vrai cognac. Le prince Romane joignit ses éloges à ceux du général, et, quoique ses démonstrations fussent moins énergiques, il lui arriva deux fois de redemander des plats servis et accommodés par les deux sœurs.

Après le repas et après une promenade dans les domaines d'Elfy et de Moutier, on se dirigea vers l'auberge du *Général reconnaissant*. Natasha, ses frères et leurs amis couraient en avant et admirèrent avec une gaieté bruyante l'effigie rubiconde du vieux général. Toute la société entra dans la maison de Dérigny, qui avait été préparée pour recevoir le général et sa famille; les domestiques et les femmes de chambre y étaient déjà et rangeaient les effets de leurs maîtres. L'auberge était grande; chacun eut une chambre spacieuse et confortable; le général eut son salon; Mme Dabrovine eut également le sien; Natasha, Alexandre, Michel et même le prince Romane, virent avec grand plaisir un billard dans une pièce près de la salle à manger et du salon.

Dès le jour même, aidé d'Elfy et de Dérigny, le général s'installa avec les siens dans cette auberge si bien montée. Les Dérigny s'y transportèrent également. Le lendemain, le général, inquiet de ses repas, apprit avec une joie extrême que Dérigny avait déjà installé à la cuisine un excellent chef venu de Paris, et son garçon de cuisine, excellent pâtissier. Ce soin touchant de bien-être mit le comble à la reconnaissance du général; ses inquiétudes étaient finies, son bonheur devenait complet; dans sa joie, il pleura comme un enfant.

Un jour, une lettre du prince Négrinski annonça au général la mort de sa nièce Papofski et les pénibles événements qui avaient amené cette fin prématurée. Cette nouvelle impressionna péniblement le général, sa famille et ses amis; mais ce sentiment s'effaça promptement par le bonheur dont ils jouissaient. Leur vie à tous était douce et gaie; Natasha allait tous les jours passer quelques heures chez son amie Elfy : elle l'aidait à faire sa cuisine, à laver son linge, à le raccommoder, à faire son ménage; Alexandre et Michel passaient leurs récréations avec Jacques et Paul, à bêcher le jardin, à ratisser les allées, arroser les légumes, etc.; le prince Romane et Moutier y mettaient aussi la main; Mme Dabrovine et le général venaient souvent se mêler à leurs occupations, rire de leurs jeux, s'amuser de leurs plaisirs. Le lendemain de son arrivée, le général et sa nièce allèrent voir le château à vendre; tout y était joli et magnifique; la terre était considérable; les bois étaient superbes; le prix en était peu élevé pour la beauté de la propriété : deux millions payés comptant rendirent le général possesseur de cette terre si bien placée pour leur agrément à tous. Ils s'y transpor-

Alexandre et Michel passaient leur récréations avec Jacques et Paul

tèrent quinze jours après leur arrivée à Loumigny, et ils y passèrent gaiement et agréablement l'automne, l'hiver et le printemps. Dérigny était resté près du général. Il était régisseur de la terre et de toute la fortune du général ; sa femme surveillait le linge et fut établie femme de charge. Mme Dabrovine reprenait petit à petit sa gaieté ; elle voyait souvent le bon curé, que le général aimait aussi beaucoup, et qui devint le confesseur et le directeur de toute la famille ; Natasha était heureuse ; elle chantait et riait du matin au soir. Le prince Romane était devenu un membre indispensable de la famille. On voyait sans cesse les Moutier, soit chez eux, soit au château.

XXIII

TOUT LE MONDE EST HEUREUX. CONCLUSION

L'année suivante, au commencement de l'été, Moutier vint annoncer un matin qu'Elfy avait une belle petite fille. Le général en fut très content.

« C'est moi qui suis parrain, dit-il.

— Et moi je serai marraine », dit Mme Dabrovine. Moutier remercia et courut porter la bonne nouvelle à Elfy. La marraine donna à sa filleule Marie une charmante et utile layette. Le parrain lui donna vingt mille francs et une foule de présents pour le père, la mère et l'enfant. Peu de temps après la cérémonie du baptême, qui fut suivie d'un repas excellent et d'une abondante distribution de dragées et d'objets de fantaisie, le général appela Natasha.

« Mon enfant, lui dit-il, sais-tu que je suis vieux ?

NATASHA.

Je le sais, grand-père; mais votre santé est bonne, et vous vivrez longtemps encore.

LE GÉNÉRAL.

Mon enfant, sais-tu que je serais bien heureux si Romane ne nous quittait jamais?

NATASHA.

Et moi aussi, grand-père, je voudrais qu'il restât toujours avec nous.

LE GÉNÉRAL.

S'il nous quittait, ce serait bien triste!

NATASHA.

Oh oui! bien triste; c'est lui qui anime tout, qui dirige tout; mes frères et moi, nous ne faisons rien sans le consulter.

LE GÉNÉRAL.

Tu l'aimes donc?

NATASHA.

Je crois bien, que je l'aime! Je l'aime autant que vous, grand-père. »

Le général sourit, baisa le front de Natasha.

LE GÉNÉRAL.

Eh bien, mon enfant, il dépend de toi de faire rester Romane près de nous toujours.

NATASHA.

De moi? Dites vite, grand-père; que faut-il faire?

LE GÉNÉRAL.

Une chose bien simple : devenir sa femme, pour qu'il devienne le fils de ta mère et le mien!

NATASHA, *riant*.

Moi! devenir sa femme! Oh! grand-père, vous plaisantez sans doute! Il ne voudrait pas de moi, qui suis si jeune et si folle!

LE GÉNÉRAL.

Tu vas avoir dix-huit ans dans six mois, Natasha, et lui en a vingt-huit; ce n'est pas....

NATASHA.

Mais il a tant souffert, grand-père! C'est comme

Tout le monde est heureux. (Page 365.)

s'il en avait quarante. Non, non, il est trop raisonnable pour vouloir m'épouser.

LE GÉNÉRAL.

Crois-tu qu'il ne t'aime pas?

NATASHA.

Au contraire, grand-père, il m'aime beaucoup! Je le vois et je le sens! Il pense toujours à moi, à mon bonheur, à mon plaisir; il trouve bien tout ce que je dis, tout ce que je fais. Et même, grand-père, je vous avouerai que je ris quelquefois de sa vivacité à me défendre quand on m'accuse, de sa colère contre ceux qui me trouvent en faute, de son aveuglement à mon égard; car, enfin, je parle et j'agis souvent très mal, et lui trouve toujours que j'ai raison. Oh oui! il m'aime bien! Et moi aussi je l'aime bien!

LE GÉNÉRAL.

Mais alors, pourquoi ne veux-tu pas l'épouser?

NATASHA, *vivement*.

Mais, moi, je ne demande pas mieux, grand-père; c'est lui qui ne voudra pas!

— C'est ce que nous allons voir, dit le général, riant et se frottant les mains. Dérigny, Dérigny, allez me chercher Romane, et amenez-le-moi vite, vite!

NATASHA.

Et moi, grand-père, je me sauve....

LE GÉNÉRAL.

Du tout, du tout, reste près de moi.

NATASHA.

C'est que je le gênerai pour refuser. Pauvre homme! ce sera désagréable pour lui!

LE GÉNÉRAL.

Ce sera sa punition, s'il refuse.

NATASHA, *rougissant*.

Grand-père, c'est que..., c'est que...

LE GÉNÉRAL.

Quoi donc? Parle, mon enfant.

NATASHA.

Grand-père, c'est que... je n'y pensais pas du tout avant que vous m'en eussiez parlé; mais, à présent, s'il refuse, cela me fera de la peine, et j'ai peur qu'il ne le voie; il est si bon! Il consentirait alors, par pitié pour moi, et il serait très malheureux! »

Natasha appuya sa tête sur l'épaule du général et pleura.

Au même moment le prince entra.

LE GÉNÉRAL.

Viens, mon ami, mon bon Romane; viens m'aider à consoler ma pauvre Natasha. Tu vois, elle pleure amèrement, là, sur mon épaule, et c'est toi qui la fais pleurer.

— Moi! s'écria Romane en s'avançant précipitamment vers Natasha en retirant doucement une de ses mains de dessus l'épaule du général. Natasha, ma chère enfant, comment ai-je pu faire couler vos pleurs, moi qui donnerais ma vie pour vous voir heureuse! »

Natasha releva la tête et sourit; son visage était baigné de larmes.

« C'est la faute de grand-père, dit-elle.

LE GÉNÉRAL, *riant*.

Ah bien, voilà une bonne invention, par exemple! Romane, je vais te dire pourquoi elle se désole. Je sais qu'elle t'aime, je sais que tu l'aimes! Elle a bientôt dix-huit ans, tu en as vingt-huit : je lui propose de devenir ta femme.

— Et elle ne veut pas? dit Romane en pâlissant et en laissant retomber la main de Natasha.

LE GÉNÉRAL.

Tu n'y es pas; elle veut bien; elle serait enchantée....

— Mais alors... pourquoi...? dit Romane, dont le visage exprima le plus vif bonheur.

— Parce que mademoiselle prétend qu'elle est trop jeune, trop folle; que tu ne voudras pas d'elle; que tu ne l'accepterais que par pitié, et cette crainte la fait pleurer. »

Romane reprit vivement la main de Natasha, s'agenouilla devant le général et dit d'une voix émue :

« Mon cher et excellent ami, je vous demande à genoux la main de cette chère et aimable enfant, qui fera mon bonheur comme je ferai le sien : recevez-moi dans votre famille, à moins que Natasha ne me repousse, moi pauvre et proscrit.

— Que je refuse, moi! s'écria Natasha en se jetant dans les bras de son grand-père. Grand-père, dites oui, pour le rassurer.

— Que Dieu vous bénisse, mes enfants! dit le général les yeux pleins de larmes et les serrant tous deux contre son cœur. Tous mes vœux sont comblés. Romane, mon fils, prends ce trésor charmant que toi seul es digne de posséder; allez, mes enfants, trouver votre mère, qui attend le résultat de notre conversation. Va, ma Natasha, va présenter à ta mère le fils qu'elle désire depuis longtemps. »

Natasha et Romane embrassèrent tendrement le vieux général, et allèrent tous deux se jeter dans les bras de Mme Dabrovine, qui les embrassa et les bénit en pleurant.

La nouvelle du mariage de Natasha fut portée

par elle-même aux Dérigny et au bon curé, qui étaient depuis longtemps dans le secret; puis à Elfy et à Moutier.

Le général demanda qu'on hâtât la cérémonie.

« Je n'aime pas à attendre, dit-il. Vous vous connaissez bien, n'est-ce pas? A quoi bon attendre? Attendre quoi? »

Romane sourit et regarda Natasha, qui sourit aussi.

« Eh bien! personne ne répond? dit le général
— A quand fixez-vous la noce, mon père? dit Mme Dabrovine.

LE GÉNÉRAL.

A une quinzaine, pour avoir largement le temps de tout organiser.

MADAME DABROVINE.

Largement! une quinzaine! Mais, mon père, je n'ai pas le temps d'avoir le trousseau de Natasha!

LE GÉNÉRAL.

Eh bien, Romane la prendra sans trousseau! N'est-ce pas, Romane? »

Pour toute réponse, Romane proposa d'aller de suite porter la bonne nouvelle au curé et aux Moutier. Le général, Mme Dabrovine, les enfants, les Dérigny, voulurent être de la partie, on y alla en deux voitures. Le général annonça à tous les gens du pays qu'il rencontra que le mariage de sa petite-fille aurait lieu dans quinze jours, et les invita à la noce, y compris le repas.

Dérigny se mit en campagne pour organiser une

fête qui laissât de bons et glorieux souvenirs dans le pays. Le général fit venir le notaire.

« Je donne, dit-il, quatre millions à ces enfants, dont deux à Romane et deux à Natasha. Le reste de mes treize millions sera pour la mère et pour les garçons, sauf quelques legs à mes amis. »

Le temps fut superbe le jour du mariage, tout le pays était invité à la noce; on dressa des tables sous des tentes dans la prairie devant le château; le repas fut magnifique. Natasha et Romane avaient demandé au général que les pauvres eussent une large part dans la dépense; cinquante familles reçurent par l'entremise du curé des sommes considérables qui les tirèrent de la misère; les pauvres de la commune furent particulièrement favorisés. Après le repas, on dansa jusqu'au lendemain, comme aux noces d'Elfy, mais le général, devenu plus vieux, ne dansa ni ne valsa.

Ils vivent tous ensemble et restent tendrement unis. Le général rend tous les jours de ferventes actions de grâces à Dieu du bonheur dont jouissent Natasha et Romane, et du calme revenu dans le cœur de Mme Dabrovine. Romane veut terminer l'éducation de ses jeunes beaux-frères.

« Et ils seront, dit le général, des chrétiens fervents et des jeunes gens accomplis. Et ils feront de bons mariages; quant à Jacques, il épousera la fille d'Elfy; Paul épousera la seconde fille....

NATASHA.

Mais Elfy n'en a qu'une, grand-père!

Après le repas, on danse jusqu'au lendemain.

LE GÉNÉRAL.

Cela ne fait rien! Elle en aura une seconde! Jacques sera mon régisseur avec son père; Paul restera avec Moutier; Dérigny et sa femme ne me quitteront jamais; et je mourrai, vous léguant à tous des sommes considérables, entouré de mes enfants et petits-enfants, dans les bras de notre bon curé, qui restera toujours notre confesseur et notre directeur à tous; et je reposerai dans le tombeau de famille, où vous me rejoindrez un jour. »

FIN.

TABLE DES CHAPITRES

		Pages
Dédicace		1
I.	De Loumigny à Gromiline	1
II.	Arrivée à Gromiline	15
III.	Dérigny tapissier	27
IV.	Mme Papofski et les petits Papofski	39
V.	Premier démêlé	59
VI.	Les Papofski se dévoilent	77
VII.	Le complot	87
VIII.	Arrivée de l'autre nièce	107
IX.	Triomphe du général	117
X.	Causeries intimes	141
XI.	Un gouverneur trouvé	152
XII.	Ruse du général	187
XIII.	Premier pas vers la liberté	217
XIV.	On passe la frontière	231
XV.	La laitière et le pot au lait	253
XVI.	Visite qui tourne mal	263
XVII.	Punition des méchants	277
XVIII.	Récit du prince forçat	283

TABLE DES CHAPITRES

		Pages.
XIX.	Évasion du prince	207
XX.	Voyage pénible. Heureuse fin	311
XXI.	L'ascension	327
XXII.	Fin des voyages. Chacun chez soi	347
XXIII.	Tout le monde est heureux. Conclusion	365

PARIS, IMPRIMERIE LAHURE
9, rue de Fleurus, 9.

LIBRAIRIE HACHETTE ET Cie

BOULEVARD SAINT-GERMAIN, 79, A PARIS

LE
JOURNAL DE LA JEUNESSE

NOUVEAU RECUEIL HEBDOMADAIRE

TRÈS RICHEMENT ILLUSTRÉ

POUR LES ENFANTS DE 10 A 15 ANS

Les vingt-deux premières années (1873-1894),
formant
quarante-quatre beaux volumes grand in-8, sont en vente.

Ce nouveau recueil est une des lectures les plus attrayantes que l'on puisse mettre entre les mains de la jeunesse. Il contient des nouvelles, des contes, des biographies, des récits d'aventures et de voyages, des causeries sur l'histoire naturelle, la géographie, les arts et l'industrie, etc., par

Mmes S. BLANDY, COLOMB, GUSTAVE DEMOULIN, EMMA D'ERWIN, ZÉNAÏDE FLEURIOT, ANDRÉ GÉRARD, JULIE GOURAUD, MARIE MARÉCHAL, L. MUSSAT, P. DE NANTEUIL, OUIDA, DE WITT NÉE GUIZOT; MM. A. ASSOLANT, DE LA BLANCHÈRE, LÉON CAHUN, CHAMPOL, RICHARD CORTAMBERT, ERNEST DAUDET, DILLAYE, LOUIS ÉNAULT, J. GIRARDIN, AIMÉ GIRON, AMÉDÉE GUILLEMIN, CH. JOLIET, ALBERT LÉVY, ERNEST MENAULT, EUGÈNE MÜLLER, PAUL PELET, LOUIS ROUSSELET, Ct STANY, G. TISSANDIER, P. VINCENT, ETC.,

et est

ILLUSTRÉ DE 11 500 GRAVURES SUR BOIS

d'après les dessins de

É. BAYARD, BERTALL, BLANCHARD, CAIN, CASTELLI, CATENACCI, CRAFTY, C. DELORT, FAGUET, FÉRAT, FERDINANDUS, GILBERT, GODEFROY DURAND, HUBERT-CLERGET, KAUFFMANN, LIX, A. MARIE, MESNEL, MOYNET, MIRBACH, A. DE NEUVILLE, PHILIPPOTEAUX, POIRSON, FRANISHNIKOFF, RICHNER, RIOU, RONJAT, SAHIB, TAYLOR, THÉROND, TOFANI, VOGEL, TH. WEBER, E. ZIER.

CONDITIONS DE VENTE ET D'ABONNEMENT

Le **JOURNAL DE LA JEUNESSE** paraît le samedi de chaque semaine. Le prix du numéro, comprenant 16 pages grand in-8, est de 40 centimes.

Les 52 numéros publiés dans une année forment deux volumes.

Prix de chaque volume : broché, 10 francs ; cartonné en percaline rouge, tranches dorées, 13 francs.

PRIX DE L'ABONNEMENT
POUR PARIS ET LES DÉPARTEMENTS

Un an (2 volumes). . . . . 20 francs
Six mois (1 volume). . . . . . . 10 —

Prix de l'abonnement pour les pays étrangers qui font partie de l'Union générale des postes : Un an, 22 francs ; six mois, 11 francs.

Les abonnements se prennent à partir du 1ᵉʳ décembre et du 1ᵉʳ juin de chaque année.

MON JOURNAL

NOUVEAU RECUEIL HEBDOMADAIRE

Illustré de nombreuses gravures en couleurs et en noir

A L'USAGE DES ENFANTS DE HUIT A DOUZE ANS

QUATORZIÈME ANNÉE

(1894-1895)

DEUXIÈME SÉRIE

MON JOURNAL, à partir du 1ᵉʳ Octobre 1892, est devenu hebdomadaire, de mensuel qu'il était, et convient à des enfants de 8 à 12 ans.

Il paraît un numéro le samedi de chaque semaine. — Prix du numéro, 15 centimes.

ABONNEMENTS :

FRANCE	UNION POSTALE
Six mois............ 4 fr. 50	Six mois............ 5 fr. 50
Un an............... 8 fr. »	Un an............... 10 fr. »

Prix de chaque année de la deuxième série :
Brochée, 8 fr. — Cartonnée, 10 fr.

Prix des années IX, X et XI (1ʳᵉ série) : chacune, brochée, 2 fr.; cartonnée en percaline gaufrée, avec fers spéciaux à froid, 2 fr. 50. (Les années I à VIII sont épuisées.)

NOUVELLE COLLECTION ILLUSTRÉE

POUR LA JEUNESSE ET L'ENFANCE
1re SÉRIE, FORMAT IN-8 JÉSUS

Prix du volume : broché, 7 fr.; cartonné, tranches dorées, 10 fr.

About (Ed.) : *Le roman d'un brave homme.* 1 vol. illustré de 52 compositions par Adrien Marie.
— *L'homme à l'oreille cassée.* 1 vol. ill. de 61 comp. par Eug. Courboin.

Cahun (L.) : *Les aventures du capitaine Magon.* 1 vol. illustré de 72 gravures d'après Philippoteaux.
— *La bannière bleue.* 1 vol. illustré de 73 gravures d'après Lix.

Dillaye (Fr.) : *Les jeux de la jeunesse.* 1 vol. illustré de 203 grav.

Dronsart (Mme M.) : *Les grandes voyageuses.* 1 vol. ill. de 75 grav.

Du Camp (Maxime) : *La vertu en France.* 1 vol. ill. de 43 grav. d'après Duez, Myrbach, Tofani et E. Zier.
— *Bons cœurs et braves gens.* 1 vol. illustré de 50 grav. d'après Myrbach et Tofani.

Fleuriot (Mlle Z.) : *Cœur muet.* 1 vol. ill. de grav. d'après Adrien Marie.
— *Papillonne.* 1 volume illustré de 50 gravures d'après E. Zier.

Guillemin (Amédée) : *La Pesanteur et la Gravitation universelle. — Le Son.* 1 vol. contenant 3 planches en couleurs, 23 planches en noir et 445 figures dans le texte.
— *La lumière.* 1 vol. contenant 13 planches en couleurs, 14 planches en noir et 359 figures dans le texte.
— *Le Magnétisme et l'Electricité.* 1 v. contenant 5 pl. en couleurs, 15 pl. en noir et 577 fig. dans le texte.
— *La Chaleur.* 1 vol. contenant 1 pl. en couleurs, 8 planches en noir et 324 gravures dans le texte.

Guillemin (Amédée) (suite) : *La Météorologie et la Physique moléculaire.* 1 vol. contenant 9 planches en couleurs, 20 planches en noir et 343 gravures dans le texte.

La Ville de Mirmont (H. de) : *Contes Mythologiques.* 1 vol. illustré de 41 gravures.

Maël (Pierre) : *Une Française au Pôle Nord.* 1 vol. illustré de 52 grav. d'après Paris.
— *Terre de Fauves.* 1 volume illustré de 52 gravures, d'après les dessins d'Alfred Paris.

Manzoni : *Les fiancés.* Édition abrégée par Mme J. Colomb. 1 vol. illustré de 40 gravures d'après J. Le Blant.

Mouton (Eug.) : *Vie et Aventures du Capitaine Marius Cougourdan.* 1 vol. ill. de 66 grav. d'après E. Zier.
— *Joël Kerbabu.* 1 vol. illustré de 55 gravures d'après A. Paris.
— *Voyages merveilleux de Lazare Poban.* 1 vol. illustré de 51 grav. d'après Zier.

Rousselet (Louis) : *Nos grandes écoles militaires et civiles.* 1 vol. ill. de grav. d'après A. Lemaistre, Fr. Régamey et P. Renouard.
— *Nos grandes écoles d'application.* 1 vol. ill. de 95 gr. d'après Busson, Calmettes, Lemaistre et P. Renouard.

Toudouze (Gustave) : *Enfant perdu (1814).* 1 volume illustré de 49 gravures d'après J. Le Blant.

Witt (Mme de), née Guizot : *Les femmes dans l'histoire.* 1 vol. illustré de 80 gravures.
— *La charité en France à travers les siècles.* 1 vol. ill. de 50 gravures.
— *Père et fils.* 1 volume illustré de 40 gravures d'après Vogel.

2e SÉRIE, FORMAT IN-8 RAISIN

Prix du volume : broché, 4 fr.; cartonné, tranches dorées, 6 fr.

Arthez (Danielle d') : *Les tribulations de Nicolas Mender.* 1 vol. ill. de 83 grav. d'après Tofani.

Assollant (A.) : *Pendragon.* 1 vol. avec 42 gravures d'après C. Gilbert.

Blandy (Mme S.) : *La part du Cadet.* 1 vol. illustré de 112 gravures d'après Zier.

Champol (F.) : *Anaïs Evrard.* 1 volume illustré de 82 gravures d'après Tofani et Bergevin.

Chéron de la Bruyère (Mme) : *La tante Derbier.* 1 vol. illustré de 50 gravures d'après Myrbach.
— *Princesse Rosalba.* 1 vol. illustré de 60 gravures d'après Tofani.

Colomb (Mme) : *Le violoneux de la sapinière.* 1 vol. avec 85 gravures d'après A. Marie.
— *La fille de Carilès.* 1 vol. avec 96 grav. d'après A. Marie.
  Ouvrage couronné par l'Académie française.
— *Deux mères.* 1 vol. avec 133 grav. d'après A. Marie.
— *Le bonheur de Françoise.* 1 vol. avec 112 grav. d'après A. Marie.
— *Chloris et Jeanneton.* 1 vol. avec 105 gravures d'après Sahib.
— *L'héritière de Vaucluin.* 1 vol. avec 104 grav. d'après C. Delort.
— *Franchise.* 1 vol. avec 113 gravures d'après C. Delort.
— *Feu de paille.* 1 vol. avec 98 grav. d'après Tofani.
— *Les étapes de Madeleine.* 1 vol. avec 105 grav. d'après Tofani.
— *Denis le tyran.* 1 vol. avec 115 grav. d'après Tofani.
— *Pour la muse.* 1 vol. avec 105 grav. d'après Tofani.
— *Pour la patrie.* 1 vol. avec 112 grav. d'après E. Zier.
— *Hervé Plémeur.* 1 vol. avec 112 grav. d'après E. Zier.
— *Jean l'innocent.* 1 vol. illustré de 112 gravures d'après Zier.
— *Danielle.* 1 vol. illustré de 112 grav. d'après Tofani.
— *Mon oncle d'Amérique.* 1 vol. illustré de 112 grav. d'après Tofani.
— *La Fille des Bohémiens.* 1 vol. illustré de 112 grav. d'après S. Reichan.
— *Les conquêtes d'Hermine.* 1 vol. ill. de 112 grav. d'après Th. Vogel.
— *Hélène Corianis.* 1 vol. illustré de 80 gravures d'après A. Moreau.

Cortambert et Deslys : *Le pays du soleil.* 1 vol. avec 35 gravures.

Daudet (E.) : *Robert Darnetal.* 1 vol. avec 81 grav. d'après Sahib.

Demage (G.) : *A travers le Sahara.* 1 vol. illustré de 84 grav. d'après Mme Crampel.

Demoulin (Mme G.) : *Les animaux étranges.* 1 vol. avec 172 gravures.

Deslys (Ch.) : *Nos Alpes*, avec 39 gravures d'après J. David.
— *La mère aux chats.* 1 vol. avec 50 gravures d'après H. David.

Enault (L.) : *Le chien du capitaine.* 1 vol. avec 43 gr. d'après E. Riou.

Fleuriot (Mlle Z.) : *M. Nostradamus.* 1 vol. avec 86 gr. d'après A. Marie.
— *La petite duchesse.* 1 vol. avec 73 gravures d'après A. Marie.
— *Grand cœur.* 1 vol. avec 45 gravures d'après C. Delort.
— *Raoul Daubry*, chef de famille. 1 vol. avec 32 gr. d'après C. Delort.
— *Mandarine.* 1 vol. avec 95 gravures d'après C. Gilbert.
— *Cadok.* 1 vol. avec 84 gravures d'après C. Gilbert.
— *Céline.* 1 vol. avec 102 grav. d'après G. Fraipont.
— *Feu et flamme.* 1 vol. avec 80 gravures d'après Tofani.
— *Le clan des têtes chaudes.* 1 vol. illustré de 65 gr. d'après Myrbach.
— *Au Galadoc.* 1 vol. illustré de 60 gravures d'après Zier.
— *Les premières pages.* 1 vol. avec 75 gravures d'après Adrien Marie.
— *Rayon de soleil.* 1 vol. illustré de 10 gravures d'après Mencina Kress.

Girardin (J.) : *Les braves gens.* 1 v. avec 115 gr. d'après E. Bayard.
  Ouvrage couronné par l'Académie française.
— *Nous autres.* 1 vol. avec 182 gravures d'après E. Bayard.
— *La toute petite.* 1 vol. avec 123 gravures d'après E. Bayard.
— *L'oncle Placide.* 1 vol. avec 130 gravures d'après A. Marie.
— *Le neveu de l'oncle Placide.* 3 vol. illustrés de 367 gravures d'après A. Marie, qui se vendent séparément.
— *Grand-père.* 1 vol. avec 91 gravures d'après C. Delort.
  Ouvrage couronné par l'Académie française.

Girardin (J.) (suite) : *Maman*. 1 vol. avec 112 gravures d'après Tofani.
— *Le roman d'un cancre*. 1 vol. avec 112 gravures d'après Tofani.
— *Les millions de la tante Zézé*. 1 vol. avec 112 grav. d'après Tofani.
— *La famille Gaudry*. 1 vol. avec 112 gravures d'après Tofani.
— *Histoire d'un Berrichon*. 1 vol. avec 112 gravures d'après Tofani.
— *Le capitaine Bassinoire*. 1 vol. illustré de 119 gravures d'après Tofani.
— *Second violon*. 1 vol. illustré de 112 gravures d'après Tofani.
— *Le fils Valansé*. 1 vol. avec 112 gravures d'après Tofani.
— *Le commis de M. Bouvat*. 1 vol. illustré de 119 gr. d'après Tofani.

Giron (Aimé) : *Les trois rois mages*. 1 vol. illustré de 60 gravures d'après Fraipont et Pranishnikoff.

Gouraud (Mlle J.) : *Cousine Marie*. 1 vol. avec 36 gravures d'après A. Marie.

Meyer (Henri) : *Les Jumeaux de la Bouzaraque*. 1 vol. illustré de 71 gravures d'après Tofani.
— *Le serment de Paul Marcorel*. 1 vol. illustré de 51 gravures d'après Tofani.

Nanteuil (Mme P. de) : *Capitaine*) 1 vol. illustré de 72 gravures d'après Myrbach.
  Ouvrage couronné par l'Académie française.
— *Le général Du Maine*. 1 vol. avec 70 gravures d'après Myrbach.
— *L'épave mystérieuse*. 1 volume illustré de 80 gr. d'après Myrbach.
  Ouvrage couronné par l'Académie française.
— *En esclavage*. 1 vol. illustré de 80 gravures d'après Myrbach.
— *Une poursuite*. 1 vol. illustré de 57 gravures d'après Alfred Paris.
— *Le secret de la grève*. 1 vol. ill. de 50 gr. d'après A. Paris.
— *Alexandre Vorof*. 1 vol. illustré de 80 grav. d'après Myrbach.
— *L'héritier des Vauberts*. 1 vol. illustré de 80 gravures d'après A. Paris.

Rousselet (L.) : *Le charmeur de serpents*. 1 vol. avec 68 gravures d'après A. Marie.

Rousselet (L.) (suite) : *Le Fils du Connétable*. 1 vol. avec 113 grav. d'après Pranishnikoff.
— *Les deux moussos*. 1 vol. avec 90 gravures d'après Sahib.
— *Le tambour du Royal-Auvergne*. 1 vol. avec 115 gr. d'après Poirson.
— *La peau du tigre*. 1 vol. avec 102 gr. d'après Bellecroix et Tofani.

Saintine : *La nature et ses trois règnes*. 1 vol. avec 171 grav. d'après Foulquier et Faguet.
— *La mythologie du Rhin et les contes de la mère-grand*. 1 vol. avec 160 grav. d'après G. Doré.

Schnltz (Mlle Jeanne) : *Tout droit*. 1 vol. ill. de 112 gr. d'après E. Zier.
— *La famille Hamelin*. 1 vol. ill. de 89 gravures d'après E. Zier.
— *Sauvons Madelon!* 1 vol. illustré de 60 gravures d'après Tofani.

Stany (Le Cᵗᵉ) : *Les trésors de la Fable*. 1 vol. illustré de 80 gravures d'après E. Zier.
— *Mabel*. 1 vol. illustré de 60 gravures d'après E. Zier.

Tissot et Améro : *Aventures de trois fugitifs en Sibérie*. 1 vol. avec 72 gr. d'après Pranishnikoff.

Witt (Mme de), née Guizot : *Scènes historiques*. 1ʳᵉ série. 1 vol. avec 18 gr. d'après E. Bayard.
— *Scènes historiques*. 2ᵉ série. 1 vol. avec 28 gravures d'après A. Marie.
— *Normands et Normandes*. 1 vol. avec 70 gravures d'après E. Zier.
— *Un jardin suspendu*. 1 vol. avec 30 gravures d'après C. Gilbert.
— *Notre-Dame Guesclin*. 1 vol. avec 70 gravures d'après E. Zier.
— *Une sœur*. 1 vol. avec 65 gravures d'après E. Bayard.
— *Légendes et récits pour la jeunesse*. 1 vol. avec 18 gravures d'après Philippoteaux.
— *Un nid*. 1 vol. avec 63 gravures d'après Ferdinandus.
— *Un patriote au XIVᵉ siècle*. 1 vol. illustré de gravures d'après E. Zier.
— *Alsaciens et Alsaciennes*. 1 vol. illustré de 60 grav. d'après A. Moreau et E. Zier.

BIBLIOTHÈQUE DES PETITS ENFANTS
DE 4 A 8 ANS

FORMAT GRAND IN-16

CHAQUE VOLUME, BROCHÉ, 2 FR. 75

CARTONNÉ EN PERCALINE BLEUE, TRANCHES DORÉES, 3 FR. 50

Ces volumes sont imprimés en gros caractères

Chéron de la Bruyère (Mme) : *Contes à Pépée*. 1 vol. avec 24 gravures d'après Grivaz.
— *Plaisirs et aventures*. 1 vol. avec 30 gravures d'après Jeanniot.
— *La perruque du grand-père*. 1 vol. illustré de 30 gr. d'après Tofani.
— *Les enfants de Boisfleuri*. 1 vol. ill. de 30 grav. d'après Semechini.
— *Les vacances à Trouville*. 1 vol. avec 40 gravures d'après Tofani.
— *Le château du Roc-Salé*. 1 vol. illustré de 30 gr. d'après Tofani.
— *Les enfants du capitaine*. 1 vol. ill. de 30 grav. d'après Geoffroy.
— *Autour d'un bateau*. 1 vol. illustré de 36 gravures d'après E. Zier.

Desgranges : *Le chemin du collège*. 1 vol. ill. de 30 grav. d'après Tofani.
— *La famille. Le Jarriel*. 1 vol. illustré de 36 gr. d'après Geoffroy.

Duporteau (Mme) : *Petits récits*. 1 vol. avec 28 gr. d'après Tofani.

Erwin (Mme E. d') : *Un été à la campagne*. 1 vol. avec 39 grav.

Favre : *L'épreuve de Georges*. 1 vol. avec 44 gravures d'après Geoffroy.

Franck (Mme E.) : *Causeries d'une grand'mère*. 1 vol. avec 72 grav.

Fresneau (Mme), née de Ségur : *Une année du petit Joseph*. Imité de l'anglais. 1 vol. avec 67 gravures d'après Jeanniot.

Girardin (J.) : *Quand j'étais petit garçon*. 1 vol. avec 52 gravures.
— *Dans notre classe*. 1 vol. avec 26 gravures d'après Jeanniot.
— *Un drôle de petit bonhomme*. 1 vol. illustré de 36 grav. d'après Geoffroy.

Le Roy (Mme F.) : *L'aventure de petit Paul*. 1 vol. illustré de 45 gravures, d'après Ferdinandus.
— *Les étourderies de Mlle Lucie*. 1 vol. ill. de 30 gr. d'après Robaudi.
— *Pipo*. 1 vol. illustré de 36 gravures d'après Mencina Kresz.

Malassez (Mme) : *Sable-Plage*. 1 vol. ill. de 52 grav. d'après Zier.

Molesworth (Mrs) : *Les aventures de M. Baby*, traduit de l'anglais. 1 vol. avec 12 gravures.

Pape-Carpantier (Mme) : *Nouvelles histoires et leçons de choses*. 1 vol. avec 42 gravures d'après Semechini.

Surville (André) : *Les grandes vacances*. 1 vol. avec 30 gravures d'après Semechini.
— *Les amis de Berthe*. 1 vol. avec 30 gravures d'après Ferdinandus.
— *La petite Givonnette*. 1 vol. illustré de 34 gravures d'après Grigny.
— *Fleur des champs*. 1 vol. illustré de 32 gravures d'après Zier.
— *La vieille maison du grand-père*. 1 vol. avec 34 gravures d'après Zier.
— *La fête de Saint-Maurice*. 1 vol. illustré de 34 grav. d'après Tofani.

Witt (Mme de), née Guizot : *Histoire de deux petits frères*. 1 vol. avec 45 grav. d'après Tofani.
— *Sur la plage*. 1 vol. avec 55 gravures d'après Ferdinandus.
— *Par monts et par vaux*. 1 vol. avec 54 grav. d'après Ferdinandus.
— *En pleins champs*. 1 vol. avec 45 gravures d'après Gilbert.
— *A la montagne*. 1 vol. illustré de 45 gravures d'après Ferdinandus.
— *Deux tout petits*. 1 vol. illustré de 32 gravures d'après Ferdinandus.
— *Au-dessus du lac*. 1 vol. avec 44 gr.
— *Les enfants de la tour du Roc*. 1 vol. ill. de 56 gr. d'après E. Zier.
— *La petite maison dans la forêt*. 1 vol. illustré de 36 grav. d'après Robaudi.
— *Histoires de bêtes*. 1 vol. illustré de 34 gravures d'après Bouisset.
— *Au creux du rocher*. 1 vol. ill. de 48 grav. d'après Robaudi.

BIBLIOTHÈQUE ROSE ILLUSTRÉE

FORMAT IN-16, A 2 FR. 25 C. LE VOLUME

La reliure en percaline rouge, tranches dorées, se paye en sus 1 fr. 25

1re SÉRIE. — POUR LES ENFANTS DE 4 A 8 ANS

Anonyme : *Chien et Chat*; 5e édition, traduit de l'anglais par Mme A. Dibarrart. 1 vol. avec 45 gravures d'après E. Bayard.

— *Douze histoires pour les enfants de quatre à huit ans*, par une mère de famille; 3e édit. 1 vol. avec 18 grav. d'après Bertall.

— *Les enfants d'aujourd'hui*, par la même; 3e édit. 1 vol. avec 40 grav. d'après Bertall.

Carraud (Mme) : *Historiettes véritables*, pour les enfants de quatre à huit ans; 6e édition. 1 vol. avec 94 grav. d'après Fath.

Fath (G.) : *La sagesse des enfants*, proverbes; 4e édit. 1 vol. avec 100 grav. d'après l'auteur.

Laroque (Mme) : *Grands et petits*; 1 vol. avec 61 gravures d'après Bertall.

Marcel (Mme J.) : *Histoire d'un cheval de bois*; 4e édit. 1 vol. imprimé en gros caractères, avec 20 gravures d'après E. Bayard.

Pape-Carpantier (Mme) : *Histoires et leçons de choses pour les enfants*; 12e édit. 1 vol. avec 85 gravures d'après Bertall.

Ouvrage couronné par l'Académie française.

Perrault, Mmes d'Aulnoy et Leprince de Beaumont : *Contes de fées*. 1 volume avec 65 gravures d'après Bertall, Forest, etc.

Porchat (L.) : *Contes merveilleux*; 5e édit. 1 vol. avec 21 gravures d'après Bertall.

Schmid (Le chanoine) : 190 *contes pour les enfants*, trad. de l'allemand par A. Van Hasselt; 7e édit. 1 vol. avec 29 grav. d'après Bertall.

Ségur (Mme de) : *Nouveaux contes de fées*; nouvelle édition. 1 vol. avec 46 gravures d'après G. Doré et J. Didier.

2e SÉRIE. — POUR LES ENFANTS DE 8 A 14 ANS

Alcott (Miss) : *Sous les lilas*; traduit de l'anglais par Mme Lepage; 2e édition. 1 volume avec 23 gravures.

Andersen : *Contes choisis*, trad. du danois par Soldi; 9e édition. 1 vol. avec 40 gravures d'après Bertall.

Anonyme : *Les fêtes d'enfants*, scènes et dialogues ; 5ᵉ édition. 1 vol. avec 41 gravures d'après Foulquier.

Assollant (A.) : *Les aventures merveilleuses mais authentiques du capitaine Corcoran* ; 8ᵉ édit. 2 vol. avec 50 grav. d'après A. de Neuville.

Barran (Th.) : *Amour filial* ; 5ᵉ édition. 1 vol. avec 41 gravures d'après Feroglo.

Bawr (Mme de) : *Nouveaux contes* ; 6ᵉ édition. 1 vol. avec 40 gravures d'après Bertall.
Ouvrage couronné par l'Académie française.

Belèze : *Jeux des adolescents* ; 6ᵉ édition. 1 vol. avec 140 gravures.

Berquin : *Choix de petits drames et de contes* ; 2ᵉ édition. 1 vol. avec 36 gravures d'après Foulquier, etc.

Berthet (E.) : *L'enfant des bois* ; 8ᵉ édition. 1 vol. avec 61 gravures.

— *La petite Chailloux*. 1 vol. avec 44 gravures d'après Bayard et J. Fraipont.

Blanchère (De la) : *Les aventures de La Ramée et de ses trois compagnons* ; 4ᵉ édit. 1 vol. avec 36 gravures d'après E. Forest.

— *Oncle Tobie le pêcheur* ; 3ᵉ édit. 1 vol. avec 80 gravures d'après Foulquier et Mesnel.

Boiteau (P.) : *Légendes recueillies ou composées pour les enfants* ; 3ᵉ édition. 1 vol. avec 42 gravures d'après Bertall.

Carpentier (Mlle) : *La maison du bon Dieu* ; 2ᵉ édit. 1 vol. avec 58 gravures d'après Riou.

— *Sauvons-le !* 2ᵉ édition. 1 vol. avec 40 gravures d'après Riou.

— *Le secret du docteur*, ou la Maison fermée ; 2ᵉ édition. 1 vol. avec 43 gravures d'après Girardet.

— *La tour du Preux*. 1 vol. avec 60 gravures d'après Tofani.

— *Pierre le Tors*. 1 vol. avec 56 gravures d'après E. Zier.

— *La dame bleue*. 1 vol. avec 49 gravures d'après E. Zier.

Carraud (Mme) : *La petite Jeanne* ; 10ᵉ édit. 1 vol. avec 21 gravures d'après Forest.
Ouvrage couronné par l'Académie française.

— *Les métamorphoses d'une goutte d'eau*. 5ᵉ édition. 1 vol. avec 60 gravures d'après E. Bayard.

Castillon (A.) : *Récréations physiques* ; 8ᵉ édition. 1 vol. avec 36 grav. d'après Castelli.

— *Récréations chimiques* ; 5ᵉ édit. 1 vol. avec 34 grav. d'après H. Castelli.

Cazin (Mme) : *Les petits montagnards* ; 2ᵉ édition. 1 vol. avec 51 grav. d'après G. Vuillier.

— *Un drame dans la montagne* ; 2ᵉ édit. 1 vol. avec 33 gravures d'après G. Vuillier.

— *Histoire d'un pauvre petit*. 1 vol. avec 60 gravures d'après Tofani.

— *L'enfant des Alpes* ; 2ᵉ édition. 1 vol. avec 33 gravures d'après Tofani.
Ouvrage couronné par l'Académie française.

— *Perlette*. 1 vol. avec 54 gravures d'après Myrbach.

— *Les saltimbanques*, scènes de la montagne. 1 vol. avec 65 gravures d'après Girardet.

— *Le petit chevrier*. 1 vol. avec 39 gravures d'après Vuillier.

— *Jean le Savoyard*. 1 vol. avec 51 grav. d'après Slom.

— *Les orphelins bernois*. 1 vol. avec 58 gravures d'après E. Girardet.

Chabreul (Mme de) : *Jeux et exercices des jeunes filles* ; 6ᵉ édition. 1 vol. avec la musique des rondes et 55 gravures d'après Fath.

Chéron de la Bruyère (Mme) : *Giboulée*. 1 vol. illustré de 24 gravures d'après Zier.

Cim (Albert) : *Mes amis et moi*. 1 vol. avec 16 grav. d'après Ferdinandus et Slom.

— *Entre camarades*. 1 vol. illustré de 20 gravures d'après Ferdinandus.

Colet (Mme L.) : *Enfances célèbres* ; 12ᵉ édit. 1 vol. avec 57 gravures d'après Foulquier.

Colomb (Mme J.) : *Souffre-Douleur*. 1 vol. avec 49 gravures d'après Mlle Lancelot.

Contes anglais, traduits par Mme de Witt. 1 vol. avec 49 gravures d'après E. Morin.

Deschamps (F.) : *Mon amie Georgette*. 1 vol. illustré de 43 gravures d'après Robaudi.

— *Mon ami Jean*. 1 vol. illustré de 40 gravures d'après Robaudi.

Dealys (Ch.) : *Grand'maman*. 1 vol. avec 90 gravures d'après Ed. Zier.

Edgeworth (Miss) : *Contes de l'adolescence*. 1 vol. avec 49 gravures d'après Morin.

— *Contes de l'enfance*. 1 vol. avec 27 gravures d'après Foulquier.

— *Demain*, suivi de *Mourad le malheureux*. 1 vol. avec 55 gravures d'après Bertall.

Fath (O.) : *Pynard, la gloire de son village*. 1 vol. avec 50 gravures d'après l'auteur.

Ouvrage couronné par l'Académie française.

Fleuriot (Mlle Z.) : *Le petit chef de famille*; 6ᵉ édit. 1 vol. avec 57 grav. d'après Castelli.

— *Plus tard, ou le Jeune Chef de famille*; 6ᵉ édit. 1 vol. avec 60 grav. d'après E. Bayard.

— *Un enfant gâté*; 4ᵉ édition. 1 vol. avec 48 gravures d'après Ferdinandus.

— *Tranquille et Tourbillon*; 3ᵉ édition. 1 vol. avec 45 gravures d'après C. Delort.

— *Cadette*; 3ᵉ édit. 1 vol. avec 25 grav. d'après Tofani.

— *En congé*; 6ᵉ édit. 1 vol. avec 61 gravures d'après A. Marie.

— *Bigarrette*; 6ᵉ édit. 1 vol. avec 55 gravures d'après A. Marie.

— *Bouche-en-Cœur*; 3ᵉ édition. 1 vol. avec 45 gravures d'après Tofani.

— *Gildas l'Intraitable*; 2ᵉ édit. 1 vol. avec 56 gravures d'après E. Zier.

— *Parisiens et montagnards*. 1 vol. avec 49 gravures d'après E. Zier.

Foa (Da) : *La vie et les aventures de Robinson Crusoé*, édit. abrégée. 1 vol. avec 40 grav.

Fonvielle (W. de) : *Néridah*. 2 vol. avec 40 gravures d'après Sahib.

Fresneau (Mme), née Ségur : *Comme les grands!* 1 vol. avec 40 grav. d'après Ed. Zier.

— *Thérèse à Saint-Domingue*. 1 vol. avec 49 gravures d'après Tofani.

— *Les protégés d'Isabelle*. 1 vol. avec 50 grav.

— *Deux abandonnées*. 1 vol. illustré de 49 gravures d'après M. Orange.

Frament : *Petit-Prince*. 1 vol. illustré de 5 gravures d'après Vogel.

Genlis (Mme de) : *Contes moraux*. 1 vol. avec 40 gravures d'après Foulquier, etc.

Gérard (A.) : *Petite Rose*. — *Grande Jeanne*. 1 vol. avec 28 gravures d'après C. Gilbert.

Girardin (J.) : *La disparition du grand Krause*; 2ᵉ édition. 1 vol. avec 70 gravures d'après Kauffmann.

Giron (Aimé) : *Ces pauvres petits!* 2ᵉ édition. 1 vol. avec 29 grav. d'après B. de Monvel, etc.

Gouraud (Mlle J.) : *Les enfants de la ferme*; 5ᵉ édit. 1 vol. avec 59 grav. d'après E. Bayard.

— *Le livre de maman*; 4ᵉ édition. 1 vol. avec 68 gravures d'après E. Bayard.

— *Cécile, ou la Petite Sœur*; 7ᵉ édition. 1 vol. avec 26 gravures d'après Desandré.

— *Lettres de deux poupées*; 6ᵉ édition. 1 vol. avec 59 grav. d'après Olivier.

— *Le petit colporteur*; 6ᵉ édition. 1 vol. avec 27 gravures d'après A. de Neuville.

— *Les mémoires d'un petit garçon*; 9ᵉ édit. 1 vol. avec 86 gravures d'après E. Bayard.

— *Les mémoires d'un caniche*; 9ᵉ édition. 1 vol. avec 75 gravures d'après E. Bayard.

Couraud (Mlle J.) (suite) : *L'enfant du guide*; 6e édition. 1 vol. avec 60 gravures d'après E. Bayard.

— *Petite et grande*; 4e édition. 1 vol. avec 48 gravures d'après E. Bayard.

— *Les quatre pièces d'or*; 5e édition. 1 vol. avec 51 gravures d'après E. Bayard.

— *Les deux enfants de Saint-Domingue*; 4e édit. 1 vol. avec 54 grav. d'après E. Bayard.

— *La petite maîtresse de maison*; 5e édit. 1 vol. avec 37 gravures d'après A. Marie.

— *Les filles du professeur*; 3e édit. 1 vol. avec 38 gravures d'après Kauffmann.

— *La famille Harel*; 2e édit. 1 vol. avec 48 gravures d'après Valnay et Ferdinandus.

— *Aller et retour*; 2e édition. 1 vol. avec 40 gravures d'après Ferdinandus.

— *Les petits voisins*; 2e édition. 1 vol. avec 39 gravures d'après C. Gilbert.

— *Chez grand'mère*; 2e édition. 1 vol. avec 93 gravures d'après Tofani.

— *Le petit bonhomme*. 1 vol. avec 45 gravures d'après Ferdinandus.

— *Le vieux château*. 1 vol. avec 28 gravures d'après E. Zier.

— *Pierrot*. 1 vol. avec 31 grav. d'après Zier.

— *Minette*. 1 vol. avec 52 grav. d'après Tofani.

— *Quand je serai grande*. 1 vol. avec 36 gravures d'après Ferdinandus.

Grimm (Les frères) : *Contes choisis*, trad. de l'allemand. 1 vol. avec 40 grav. d'après Bertall.

Hauff : *La caravane*, trad. de l'allemand, 5e édition. 1 vol. avec 40 grav. d'après Bertall.

— *L'auberge du Spessart*, 5e édition. 1 vol. avec 61 grav. d'après Bertall.

Hawthorne : *Le livre des merveilles*, trad. de l'anglais; 3e édit. 2 vol. avec 40 grav. d'après Bertall.

Johnson : *Dans l'extrême Far West*, traduit de l'anglais par A. Talandier; 2e édition. 1 vol. avec 20 gravures d'après A. Marie.

Marael (Mme J.) : *L'école buissonnière*; 4e édit. 1 vol. avec 20 gravures d'après A. Marie.

— *Le bon frère*; 4e édition. 1 vol. avec 21 gravures d'après E. Bayard.

— *Les petits vagabonds*; 4e édition. 1 vol. avec 45 gravures d'après E. Bayard.

— *Histoire d'une grand'mère et de son petit-fils*. 1 vol. avec 80 gravures d'après Delort.

— *Daniel*; 2e édition. 1 vol. avec 45 gravures d'après Gilbert.

— *Le frère et la sœur*. 1 vol. avec 45 gravures d'après E. Zier.

— *Un bon gros pataud*. 1 vol. avec 40 gravures d'après Jeanniot.

— *Un bon oncle*. 1 vol. avec 56 grav. d'après F. Régamey.

Maréchal (Mlle) : *La dette de Ben-Atssa*; 4e édit. 1 vol. avec 20 grav. d'après Bertall.

— *Nos petites camarades*; 2e édition. 1 vol. avec 18 gravures d'après E. Bayard et H. Castelli.

— *La maison modèle*; 3e édition. 1 vol. avec 42 gravures d'après Sahib.

Marmier : *L'arbre de Noël*; 4e édition. 1 vol. avec 68 gravures d'après Bertall.

Martignat (Mlle de) : *Les vacances d'Élisabeth*; 3e édit. 1 vol. avec 40 grav. d'après Kauffmann.

— *L'oncle Bori*; 2e édition. 1 vol. avec 42 gravures d'après Gilbert.

— *Ginette*; 2e édit. 1 vol. avec 50 gravures d'après Tofani.

— *Le manoir d'Yolan*; 2e édition. 1 vol. avec 56 gravures d'après Tofani.

— *Le pupille du général*. 1 vol. avec 40 grav. d'après Tofani.

Hartignat (Mlle de) (suite) : *L'héritière de Mauricéza.* 1 vol. avec 41 gravures d'après Peirson.

— *Une vaillante enfant;* 2ᵉ édit. 1 vol. avec 49 gravures d'après Tofani.

— *Une petite nièce d'Amérique.* 1 vol. avec 49 gravures d'après Tofani.

— *La petite fille du vieux Thémi.* 1 vol. avec 44 gravures d'après Tofani.

Mayne-Reid (Le capitaine) : *Œuvres traduites de l'anglais :*

— *Les chasseurs de girafes.* 1 vol. avec 10 gravures d'après A. de Neuville.

— *A fond de cale,* voyage d'un jeune marin à travers les ténèbres. 1 vol. avec 19 grandes gravures.

— *A la mer.* 1 vol. avec 19 grandes gravures.

— *Bruin, ou les Chasseurs d'ours.* 1 vol. avec 8 grandes gravures.

— *Le chasseur de plantes.* 1 vol. avec 19 grandes gravures.

— *Les exilés dans la forêt.* 1 vol. avec 19 grandes gravures.

— *L'habitation du désert,* ou Aventures d'une famille perdue dans les solitudes de l'Amérique. 1 vol. avec 23 grandes gravures d'après G. Doré.

— *Les grimpeurs de rochers,* suite du Chasseur de plantes. 1 vol. avec 20 grandes gravures.

— *Les peuples étranges.* 1 vol. avec 8 gravures.

— *Les vacances des jeunes Boers.* 1 vol. avec 12 grandes gravures.

— *Les veillées de chasse.* 1 vol. avec 45 gravures d'après Freeman.

— *La chasse au Léviathan.* 1 vol. avec 51 gravures d'après Ferdinandus et Weber.

— *Les naufragés de la Calypso.* 1 vol. avec 55 gravures d'après Pranishnikoff.

Meyners d'Estrey : *Les aventures de Gérard Hendriks à la recherche de son frère.* 1 vol. illustré de 15 gravures d'après Mme P. Crampel.

— *Au pays des diamants.* 1 vol. illustré de gravures d'après Riou.

Mouzens (Mme la marquise de) : *Pepa et Lili, histoire de deux jumeaux.* 1 vol. avec 68 grav. d'après Rier.

Muller (E.) : *Robinsonnette;* 4ᵉ édition. 1 vol. avec 29 gravures d'après Lix.

Peyronny (Mme de) : *Deux cœurs dévoués;* 4ᵉ édit. 1 vol. avec 60 grav. d'après Davaux.

Pitray (Mme de) : *Les enfants des Tuileries;* 4ᵉ édit. 1 vol. avec 29 grav. d'après E. Bayard.

— *Les débuts du gros Philéas;* 4ᵉ édition. 1 vol. avec 57 gravures d'après H. Castelli.

— *Le château de la Pétaudière;* 3ᵉ édition. 1 vol. avec 78 gravures d'après A. Marie.

— *Le fils du maquignon;* 2ᵉ édition. 1 vol. avec 65 gravures d'après Riou.

— *Petit Monstre et Poule Mouillée;* 6ᵉ mille. 1 vol. avec 36 gravures d'après E. Girardet.

— *Robin des Bois.* 1 vol. avec 40 gravures d'après Sirouy.

— *L'usine et le château.* 1 vol. avec 44 grav. d'après Robaudi.

— *L'arche de Noé.* 1 vol. illustré d'après Robaudi.

Rendu (V.) : *Mœurs pittoresques des insectes.* 1 vol. avec 49 gravures.

Sandras (Mme) : *Mémoires d'un lapin blanc;* 5ᵉ édit. 1 vol. avec 20 grav. d'après E. Bayard.

Sannois (Mme de) : *Les soirées à la maison;* 3ᵉ édit. 1 vol. avec 49 grav. d'après E. Bayard.

Ségur (Mme de) : *Après la pluie le beau temps;* nouvelle édition. 1 vol. avec 123 gravures d'après E. Bayard.

— *Comédies et proverbes;* nouvelle édition. 1 vol. avec 60 gravures d'après E. Bayard.

— *Diloy le Chemineau;* nouvelle édition. 1 vol. avec 90 gravures d'après H. Castelli.

— *François le Bossu;* nouvelle édition. 1 vol. avec 114 gravures d'après E. Bayard.

Ségur (Mme de) (suite) : *Jean qui grogne et Jean qui rit*, nouvelle édition, 1 vol. avec 70 grav. d'après H. Castelli.

— *La fortune de Gaspard*; nouvelle édit. 1 vol. avec 30 gravures d'après Gerlier.

— *La sœur de Gribouille*; nouvelle édition, 1 vol. avec 72 gravures d'après Castelli.

— *Pauvre Blaise*; nouvelle édition, 1 vol. avec 66 gravures d'après H. Castelli.

— *Quel amour d'enfant!* nouvelle édition, 1 vol. avec 70 gravures d'après E. Bayard.

— *Un bon petit diable*; nouvelle édition, 1 vol. avec 100 gravures d'après Castelli.

— *Le mauvais génie*; nouvelle édition, 1 vol. avec 60 gravures d'après E. Bayard.

— *L'auberge de l'Ange-Gardien*; nouvelle édition, 1 vol. avec 75 grav. d'après Foulquier.

— *Le général Dourakine*; nouvelle édition, 1 vol. avec 100 gravures d'après E. Bayard.

— *Les bons enfants*; nouvelle édition, 1 vol. avec 70 grav. d'après Forogio.

— *Les deux nigauds*; nouvelle édition, 1 vol. avec 70 grav. d'après Castelli.

— *Les malheurs de Sophie*; nouvelle édition, 1 vol. avec 48 gravures d'après Castelli.

— *Les petites filles modèles*; nouvelle édition, 1 vol. avec 21 grandes gravures d'après Bertall.

— *Les vacances*; nouvelle édition, 1 vol. avec 36 gravures d'après Bertall.

— *Mémoires d'un âne*; nouvelle édition, 1 vol. avec 75 gravures d'après Castelli.

Stahl (Mme de) : *La maison roulante*; 7ᵉ édit. 1 vol. avec 20 gravures d'après E. Bayard.

— *Le trésor de Nanette*; 6ᵉ édition. 1 vol. avec 25 gravures d'après E. Bayard.

— *Blanche et Noire*; 4ᵉ édition. 1 vol. avec 54 gravures d'après E. Bayard.

— *Par-dessus la haie*; 4ᵉ édition. 1 vol. avec 56 gravures d'après A. Marie.

Stahl (Mme de) (suite) : *Les poches de mon oncle*; 5ᵉ édition. 1 vol. avec 20 gravures d'après Bertall.

— *Les vacances d'un grand-père*; 4ᵉ édition, 1 vol. avec 40 gravures d'après G. Delafosse.

— *Le vieux de la forêt*; 3ᵉ édition. 1 vol. avec 40 gravures d'après Sahib.

— *Les deux reines*; 3ᵉ édit. 1 vol. avec 30 gravures d'après Dolort.

— *Les mésaventures de Mlle Thérèse*; 3ᵉ édition, 1 vol. avec 29 gravures d'après Charles.

— *Les frères de lait*; 2ᵉ édition, 1 vol. avec 42 gravures d'après E. Zier.

— *Magali*; 2ᵉ éd. 1 vol. avec 30 grav. d'après Tofani.

— *Les deux André*, 1 vol. avec 45 gravures d'après Tofani.

— *Deux tantes*, 1 vol. avec 48 gravures d'après Ed. Zier.

— *Violence et bonté*, 1 vol. avec 36 gravures d'après Tofani.

— *L'embarras du choix*, 1 vol. avec 40 gravures d'après Tofani.

— *Petit Jacques*, 1 vol. avec 48 gravures d'après Tofani.

— *La famille Coquelicot*, 1 vol. illustré de 30 gravures d'après Jeanniot.

Swift : *Voyages de Gulliver*, traduits de l'anglais et abrégés à l'usage des enfants, 1 vol. avec 57 gravures d'après G. Delafosse.

Tournier : *Les premiers chants*, poésies à l'usage de la jeunesse; 2ᵉ édition, 1 vol. avec 20 gravures d'après Gustave Roux.

Verley : *Miss Fantaisie*, 1 vol. avec 36 grav. d'après Zier.

Vimont (Ch.) : *Histoire d'un navire*; 3ᵉ édit. 1 vol. avec 40 grav. d'après Alex. Vimont.

Witt (Mme de), née Guizot : *Enfants et parents*; 4ᵉ édition. 1 vol. avec 34 gravures d'après A. de Neuville.

— *La petite fille aux grand'mères*; 4ᵉ édit. 1 vol. avec 36 gravures d'après Beau.

— *En quarantaine, jeux et récits*; 2ᵉ édit. 1 vol. avec 48 gravures d'après Ferdinandus.

3ᵉ SÉRIE. — POUR LES ADOLESCENTS
ET POUVANT FORMER UNE BIBLIOTHÈQUE POUR LES JEUNES FILLES DE 14 A 18 ANS

VOYAGES

Agassiz (M. et Mme) : *Voyage au Brésil*, traduit et abrégé par J. Belin-de Launay ; 3ᵉ édition. 1 vol. avec 19 gravures et 1 carte.

Aunet (Mme d') : *Voyage d'une femme au Spitzberg* ; 6ᵉ édit. 1 vol. avec 34 gravures.

Baines : *Voyages dans le sud-ouest de l'Afrique*, traduits et abrégés par J. Belin-de Launay ; 3ᵉ édit. 1 vol. avec 23 grav. et 1 carte.

Baker : *Le lac Albert*. Nouveau voyage aux sources du Nil, abrégé par J. Belin-de Launay ; 2ᵉ édit. 1 vol. avec 10 grav. et 1 carte.

Baldwin : *Du Natal au Zambèse, 1851-1866*. Récits de chasses, abrégés par J. Belin-de Launay ; 3ᵉ édit. 1 vol. avec 24 grav. et 1 carte.

Burton (Le capitaine) : *Voyages à la Mecque, aux grands lacs d'Afrique et chez les Mormons*, abrégés par J. Belin-de Launay ; 2ᵉ édit. 1 vol. avec 19 gravures et 3 cartes.

Catlin : *La vie chez les Indiens*, traduite de l'anglais ; 6ᵉ édition. 1 vol. avec 25 gravures.

Fonvielle (W. de) : *Le glaçon du Polaris*, aventures du capitaine Tyson ; 3ᵉ édit. 1 vol. avec 19 gravures et 1 carte.

Hayes (D') : *La mer libre du pôle*, traduite par F. de Lanoye et abrégée par J. Belin-de Launay ; 2ᵉ édition. 1 vol. avec 14 gravures et 1 carte.

Hervé et de Lanoye : *Voyage dans les glaces du pôle arctique* ; 6ᵉ édition. 1 vol. avec 40 gravures.

Lanoye (F. de) : *Le Nil, son bassin et ses sources* ; 4ᵉ édit. 1 vol. avec 32 gravures et cartes.

— *La Sibérie* ; 3ᵉ édition. 1 vol. avec 48 gravures d'après Lebreton, etc.

— *Les grandes scènes de la nature* ; 5ᵉ édit. 1 vol. avec 40 gravures.

— *La mer polaire, voyage de l'Érèbe et de la Terreur* ; 4ᵉ édit. 1 vol. avec 29 gravures et des cartes.

Livingstone : *Explorations dans l'Afrique australe*, abrégées par J. Belin-de Launay ; 5ᵉ édit. 1 vol. avec 20 gravures et 1 carte.

— *Dernier journal*, abrégé par J. Belin-de Launay ; 3ᵉ édition. 1 vol. avec 10 gravures et 1 carte.

Mage (L.) : *Voyage dans le Soudan occidental*, abrégé par J. Belin-de Launay ; 3ᵉ édit. 1 vol. avec 16 gravures et 1 carte.

Milton et Cheadle : *Voyage de l'Atlantique au Pacifique*, trad. et abrégé par J. Belin-de Launay ; 2ᵉ édit. 1 vol. avec 10 grav. et 2 cartes.

Mouhot (Ch.) : *Voyage dans les royaumes de Siam, de Cambodge et de Laos* ; 4ᵉ édition. 1 vol. avec 23 gravures et 1 carte.

Palgrave (W. G.) : *Une année dans l'Arabie centrale*, trad. abrégée par J. Belin-de Launay ; 2ᵉ édition. 1 vol. avec 12 grav. et 1 carte.

Pfeiffer (Mme) : *Voyages autour du monde*, abrégés par J. Belin-de Launay ; 5ᵉ édition. 1 vol. avec 16 gravures et 1 carte.

Piotrowski : *Souvenirs d'un Sibérien* ; 3ᵉ édit. 1 vol. avec 10 gravures.

Schweinfurth (D') : *Au cœur de l'Afrique (1868-1871)*, traduit par Mme H. Loreau, et abrégé par J. Belin-de Launay ; 2ᵉ édition. 1 vol. avec 16 gravures et 1 carte.

Speke : *Les sources du Nil*, édition abrégée par J. Belin-de Launay ; 3ᵉ édition. 1 vol. avec 24 gravures et 3 cartes.

Stanley : *Comment j'ai retrouvé Livingstone*, trad. par Mme H. Loreau et abrégé par J. Belin-de Launay ; 4ᵉ édit. 1 vol. avec 16 gravures et 1 carte.

Vambéry : *Voyages d'un faux derviche dans l'Asie centrale*, traduits par E. Forgues, et abrégés par J. Belin-de Launay ; 4ᵉ édit. 1 vol. avec 18 gravures et 1 carte.

HISTOIRE

Loyal Serviteur (Le) : *Histoire du gentil seigneur de Bayard*, revue et abrégée, à l'usage de la jeunesse, par Alph. Feillet ; 4ᵉ éd. 1 vol. avec 38 gravures d'après P. Sellier.

Monnier (M.) : *Pompéi et les Pompéiens* ; 3ᵉ édition, à l'usage de la jeunesse, 1 vol. avec 23 gravures d'après Thérond.

Plutarque : *Vies des Grecs illustres*, édition abrégée par Alph. Feillet, 5ᵉ édit. 1 vol. avec 53 gravures d'après P. Sellier.

— *Vies des Romains illustres*, édit. abrégée par Alph. Feillet. 3ᵉ édit. 1 vol. avec 69 grav.

Retz (De) : *Mémoires*, abrégés par Alph. Feillet. 1 vol. avec 35 gravures d'après Gilbert.

LITTÉRATURE

Bernardin de Saint-Pierre : *Œuvres choisies*. 1 vol. avec 19 gravures d'après E. Bayard.

Cervantes : *Don Quichotte de la Manche*. 1 vol. avec 64 grav. d'après Bertall et Forest.

Homère : *L'Iliade et l'Odyssée*, traduites par P. Giguet, abrégées par Alph. Feillet. 1 vol. avec 33 gravures d'après Olivier.

Le Sage : *Aventures de Gil Blas*, édition destinée à l'adolescence. 1 vol. avec 50 gravures d'après Leroux.

Mac-Intosh (Miss) : *Contes américains*, traduits par Mme Dionis ; 2ᵉ édition. 2 vol. avec 120 gravures d'après E. Bayard.

Maistre (X. de) : *Œuvres choisies*. 1 vol. avec 15 gravures d'après E. Bayard.

Molière : *Œuvres choisies*, abrégées à l'usage de la jeunesse. 2 vol. avec 22 gravures d'après Hillemacher.

Virgile : *Œuvres choisies*, traduites et abrégées à l'usage de la jeunesse, par Th. Barrau et Alph. Feillet. 1 vol. avec 20 gravures d'après les grands peintres, par P. Sellier.

PETITE BIBLIOTHÈQUE DE LA FAMILLE

Format petit in-12

A 2 FRANCS LE VOLUME

LA RELIURE EN PERCALINE GRIS PERLE, TRANCHES ROUGES,
SE PAIE EN SUS 50 C.

Champol : *En deux mots.* 1 vol.

Fleuriot (Mlle Z.) : *Tombés du nid.* 2ᵉ éd. 1 vol.
— *Raoul Daubry, chef de famille.* 2ᵉ éd. 1 vol.
— *L'héritier de Kerguignou.* 3ᵉ édit. 1 vol.
— *Réséda.* 10ᵉ édit. 1 vol.
— *Ces bons Rosaës.* 2ᵉ édit. 1 vol.
— *La vie en famille.* 8ᵉ édit. 1 vol.
— *Le cœur et la tête.* 2ᵉ édit. 1 vol.
— *Au Galadec.* 1 vol.
— *De trop.* 1 vol.
— *Le théâtre chez soi, comédies et proverbes.* 2ᵉ édit. 1 vol.
— *Sans Beauté.* 18ᵉ édit. 1 vol.
— *Loyauté.* 1 vol.
— *La clef d'or.* 1 vol.
— *Bengale.* 1 vol.
— *La glorieuse.* 1 vol.
— *Un fruit sec.* 1 vol.

Fleuriot Hérinou : *De fil en aiguille.* 1 vol.

Girardin (J.) : *Les théories du docteur Wurtz.* 1 vol.

Girardin (J.) (suite) : *Miss Sans-Cœur.* 4ᵉ édit. 1 vol.
— *Les Braves gens.* 1 vol.
— *Manoletta.* 1 vol.

Giron (Aimé) : *Braconnette.* 1 vol.

Marcel (Mme J.) : *Le Clos-Chanteraine.* 1 vol.

Nanteuil (Mme P. de) : *Les élans d'Élodie.* 1 vol.

Verley : *Une perfection.* 1 vol.
Ouvrage couronné par l'Académie française.

Wiele (Mme Van de) : *Filleul du roi.* 1 vol.

Witt (Mme de), née Guizot : *Tout simplement.* 2ᵉ édit. 1 vol.
— *Reine et maîtresse.* 1 vol.
— *Un héritage.* 1 vol.
— *Ceux qui nous aiment et ceux que nous aimons.* 1 vol.
— *Sous tous les cieux.* 1 vol.
— *A travers pays.*
— *Vieux contes de la veillée.* 1 vol.
— *Regain de vie.* 1 vol.
— *Contes et légendes de l'Est.* 1 vol.
— *Les chiens de l'amiral.* 1 vol.
— *Sur quatre roues.* 1 vol.

D'AUTRES VOLUMES SONT EN PRÉPARATION

www.ingramcontent.com/pod-product-compliance
Lightning Source LLC
Chambersburg PA
CBHW071222240426
43671CB00030B/1607